Wäret ihr an seinem
Wort
geblieben ...

Meinrad Peterlik

Wäret ihr an seinem Wort geblieben ...

Kritische Texte zu einem Leben im Glauben

styria premium

Inhalt

Danksagung	7
An seinem Wort bleiben – zum Leben „in gutem Glauben"	9
Auf Spurensuche nach dem Göttlichen in der Natur und dem Menschlichen in der Welt	15
Gottesbilder und der Streit um Heilsplan und Evolution	31
Gedanken zur Theodizee	43
Was ist aus dem Antichrist geworden? Überlegungen zum Problem von Zeit und Endzeit	55
Lebendiges Leben – ein Gedankenspiel	61
Weihnachten – Idylle, Irritation oder Hoffnung?	71
Weihnachten – eine „unendliche" Geschichte: neu illustriert und kommentiert in Briefen an meine Freunde	79
Mythos und Offenbarung	105
Wider die Zweiteilung der Wirklichkeit	115
„…und die Pforten der Hölle werden sie nicht überwinden"	125
Ein „Credo" der Hoffnung	139
Anmerkungen	142

Danksagung

Mein Dank gilt allen, die meinen Lebensweg ermöglichten, unterstützten und förderten, und auch jenen, die ihn zu behindern suchten, weil sie mich dadurch zu größeren Anstrengungen herausforderten. Um allen gerecht zu werden, möchte ich folgende kleine Geschichte erzählen, die jeder nach eigenem Gutdünken interpretieren mag: Beim Besuch einer Ausstellung im Café im Friedrichshof im Sommer 2013 berichtete die bekannte Kunstkritikerin A. B. von einem Gespräch in einer Runde von Künstlern, da einer der Anwesenden sagte: „Ich danke dem lieben Gott für alles, was mir zu schaffen möglich war." Auf die Frage, ob er denn an Gott glaube, sagte er: „Nein, aber wem soll ich denn sonst danken?"

An seinem Wort bleiben –
zum Leben
„in gutem Glauben"

> *Da sprach nun Jesus zu denen, die an ihn glaubten:*
> *„Wenn ihr bleiben werdet an meinem Wort, so seid*
> *ihr wahrhaftig meine Jünger und ihr werdet die*
> *Wahrheit erkennen, und die Wahrheit wird euch*
> *frei machen."*
> (Joh. 8, 31/32)

„Und was glaubst du eigentlich?"

… wurde ich in der Vergangenheit oft gefragt. Ich bin die Antwort schuldig geblieben in der Hoffnung, dass mein Schweigen mehr sagen würde, als ich mit Worten hätte ausdrücken können. Doch auf die Weisheit der Wüstenväter, die sagt: „Wer mein Schweigen nicht versteht, wird auch meine Rede nicht verstehen", kann und darf man sich nicht ein Leben lang zurückziehen; früher oder später kommt die Zeit, zu der aus der Holschuld eine Bringschuld werden muss. Das vorliegende Büchlein ist der Versuch, diese Schuld im vorgerückten Lebensalter wenigstens teilweise abzutragen. Den einzelnen Kapiteln liegen Texte zugrunde, die ich zu verschiedenen Anlässen verfasst habe, um sie im Freundeskreis zu diskutieren. Sie sollen Gläubigen und Ungläubigen in gleicher Weise die Gründe für meinen Glauben und meinen Unglauben verständlich machen. Sie sind in sich abgeschlossen, stehen aber dennoch in einem inneren Zusammenhang: In jedem geht es um die Suche nach einem eigenen Weg durch die Welt des Glaubens im „Licht der Vernunft", von der schon Paulus von Tarsos sagte: „Seit Erschaffung der Welt wird Gottes unsichtbare Wirklichkeit an den Werken der Schöpfung mit der Vernunft wahrgenommen." [1]

Leben in „gutem Glauben"

Wer in seinem Leben nach der Implementation von vorgefertigten Glaubensinhalten, wie sie der Kinderkatechismus mit seinen einprägsamen Bildern bietet, einen eigenen Weg durch die christliche Glaubenswelt sucht, findet diesen häufig von theologischen Theorien über Gott, die Welt und den Glauben versperrt, die – wenn überhaupt – nur mehr einen indirekten Bezug zur ursprünglich überlieferten Offenbarung in den Evangelien aufweisen. Die Glaubenswelt des Christentums hat sich zu einem so komplexen Gebäude entwickelt, dass man jedem misstrauen muss, der vorgibt, sich darin in jeglichem Detail auszukennen, und der es auch noch autoritativ interpretieren will. Es gilt Widerstand zu leisten gegen den Versuch, der hierzulande gern mit den Worten angedroht wird: „Euch werden wir schon noch ‚katholisch' machen!" Es geht vielmehr darum, sich selbst „katholisch" zu machen. Das heißt: Es geht um die Suche nach Freiheit und den Erhalt von Freiräumen des selbstverantworteten Denkens und Glaubens in einer total kodifizierten kollektiven Glaubenswelt – eine Freiheit, die jedoch nicht durch Selbstermächtigung individuell errungen wird, sondern aus einer gemeinsamen Erkenntnis der Wahrheit entsteht; das ist freilich für die, welche glauben oder glauben wollen, an die Bedingung geknüpft, „an seinem Wort zu bleiben" (Joh. 8, 31). Im Vertrauen auf das „Wort" kann man „in gutem Glauben" leben …

Ich wage die Behauptung, dass das „Wort" Identität stiftet unter denen, die nach dem „Wort" suchen, die versuchen, „am Wort zu bleiben" – Identität, die über Kirchen und Religionen hinausgeht und die daher als allumfassend, das heißt eigentlich als „katholisch", bezeichnet werden kann. „Katholische Identität" bedeutet aber auch, eine „gemeinsame Sprache zu sprechen" – etwa nach dem Paradigma des Pfingstwunders –, sodass eine Verständigung untereinander unabhängig von Spiritualität sowie von Kultur und Bildung möglich ist. Die rasche Verbreitung des Christentums durch die Provinzen des Römischen Reiches weist darauf hin, dass die Sprache der „Verkündigung" der Frohen Botschaft von vielen Menschen verstanden wurde, sodass sie sich auf wesentliche gemeinsame Glaubensinhalte verständigen konnten. Das wäre nicht möglich gewesen, ohne dass Menschen, die an Jesus von Nazareth glaubten, aus der unmittelbaren Erfahrung des Wortes an seinem Wort geblieben sind (vgl. Joh. 8,31) und es möglichst originalgetreu weitergeben konnten. [2]

Heutzutage stößt die Vermittlung von Glaubensinhalten auf große Skepsis, weil sie in einer Sprache erfolgt, die nicht mehr als authentisch angesehen wird. In vielen Lehraussagen und Dogmen, ebenso wie in manchen in Enzykliken verkündeten Geboten und Verboten, sucht man vergebens die Begründung durch den Geist des Evangeliums. Es fehlt die Authentizität, die Überzeugungskraft des „Wortes", die in den Evangelien noch enthalten ist. Deswegen „müsste jeder Christ, der mit der Bibel lebt, in den entscheidenden Fragen *eigene Antworten* finden, um seinen Glauben auch anderen gegenüber bezeugen und verantworten zu können". [3]

Missbrauch des Wortes – Missbrauch der Sprache

Dass Sprache nicht nur zur Verständigung, sondern auch zur „Missverständigung" verwendet werden kann, dazu lässt August Strindberg in der „Gespenstersonate" den „Alten", alias Doktor Hummel, sagen: „Nein, da lobe ich mir das Schweigen; wenn man schweigt, hat man die Gedanken und sieht das Vergangene; das Schweigen kann nichts verbergen – während Worte viel verbergen können. Ich las dieser Tage, die Verschiedenheit der Sprachen sei bei den wilden Völkern tatsächlich dadurch entstanden, dass der eine Stamm seine Geheimnisse vor den anderen Stämmen zu verbergen wünschte." [4]

Die Sprache der Verschleierung, der Verführung, der Propaganda, der Lüge entsteht aus dem „Missbrauch des Wortes", den Karl Kraus in seinen sprachanalytischen und literaturkritischen Arbeiten in der *Fackel* offenlegte und die er zum Teil in einem Buch mit dem bezeichnenden Titel „Literatur und Lüge" zusammenfasste. [5] In dieser Hinsicht ist auch George Orwell zu nennen, der die Hohlheit und Unbestimmtheit von Begriffen, Phrasen und Metaphern in der politischen Sprache seiner Zeit geißelte und den Vorwurf erhob, dass sie fast nur mehr der „Verteidigung des Unhaltbaren" diene. [6] Es sei hier auch auf Karl Popper hingewiesen, der im Kampf gegen die „großen Worte" für mehr intellektuelle Redlichkeit in Philosophie und Soziologie plädierte. Popper sprach einmal ausdrücklich davon, dass es „das Schlimmste sei – *die Sünde gegen den heiligen Geist* –, wenn die Intellektuellen es versuchen, sich ihren Mitmenschen gegenüber als große Propheten aufzuspielen und sie mit orakelnden Philosophien zu beeindrucken." [7] Diese Beispiele zeigen, dass Sprachkritik eine „moralische Veranstaltung" ist. Der Kampf gegen den „Missbrauch des Wortes" sollte sich daher außer auf Literatur, Politik und Wissenschaft besonders auf den Bereich der religiösen Sprache erstrecken.

Letztlich gehören Sprache und Religion – wenn man Friedrich Kainz folgen will – zu den Charakteristika des Menschseins. [8]

Ein Leben in „gutem Glauben" erfordert eine hohe kritische Sensibilität für eine Sprache der Verkündigung, die sich in „großen Worten" ergeht, denn von allen Formen der religiösen Sprache ist die Sprache der Verkündigung am anfälligsten für die Versuchung des „Missbrauchs des Wortes". Dazu sei Paul Zulehner zitiert: „Aber je mehr wir über Gott wissen wollen, umso mehr geraten wir in das Dunkel. Das Innere Gottes bleibt uns immer verschlossen. Gott kann nicht durchschaut werden. Wer also zu viel über Gott weiß – *und nicht wenige Theologen und Prediger erliegen dieser Versuchung* – muss sich sagen, dass Gott so nicht ist." [9]

Der hohe Grad der Unbestimmtheit religiöser Aussagen erschwert auch die Beantwortung der oft gestellten Frage, ob und inwieweit Wissenschaft und Gottesglauben miteinander vereinbar seien. Es ergibt sich das Problem, dass rationale Erkenntnis und religiöse Erfahrung nicht in gleichem Maße verallgemeinert und kommuniziert – mitgeteilt oder „verkündigt" – werden können. Trotzdem erscheint eine Lösung möglich: Da Glaube und Vernunft – zumindest für den Glaubenden – nicht im Widerspruch zueinander stehen, ist eine rationale Sichtweise auf Glaubensinhalte durchaus möglich. Die Interpretation von wissenschaftlicher Erkenntnis und die Deutung transzendentaler Wahrnehmung sollten in sinnvoller Weise in ein und derselben Sprache erfolgen – einer Sprache, die auf „große Worte" zugunsten der Stringenz der Argumentation verzichtet. Mithilfe einer derartigen „Metasprache" könnten Aussagen über die Kompatibilität von wissenschaftlichen Erkenntnissen mit Glaubensinhalten möglich sein. (Vgl. dazu [10].)

„Wäret ihr an seinem Wort geblieben"

(...) bringt das Bedauern zum Ausdruck, dass sich kirchliche Lehre so weit von ihrem Ursprung entfernt hat, dass die Grundlage unseres Glaubens oft nur aus dem Blickwinkel der Tradition gesehen und gedeutet wird. Daher die Frage: Was können wir heute glauben? Mein „Credo der Hoffnung" im letzten Kapitel dieses Buches ist der Versuch, eine Antwort darauf zu finden.

Auf Spurensuche nach dem
Göttlichen in der Natur
und dem Menschlichen
in der Welt

> *„Und neben der Wissenschaft stehen politische Moral, Kunst, Religion als eigene Wahrnehmungsweisen."*
> Carl Friedrich von Weizsäcker

Es ist ein Paradoxon unserer Zeit, dass das Wissen um die ungeheure Vielfalt und Komplexität der Strukturen und Prozesse in allen Bereichen des Kosmos zu diametral entgegengesetzten Ansichten und Aussagen über „Gott und die Welt" geführt hat. Die Faszination, die vom Ausmaß und der Dynamik des wissenschaftlichen Fortschritts seit dem Beginn des 20. Jahrhunderts ausgeht, stimuliert die Versuche, durch eine universal gültige „Weltformel" die totale Erkenntnis dessen zu erlangen, „was die Welt in ihrem Innersten zusammenhält", und nährt den „Glauben" an die bevorstehende Erlösung der Welt von allem Transzendentalen. Ob sich diese „Hoffnung" bald oder nie erfüllen wird, sei dahingestellt. Wie dem auch sei, das Transzendentale kann *per se* nie und nimmer Gegenstand der wissenschaftlichen Forschung sein, wie auch Wissenschaft keine transzendentale Erkenntnis vermitteln kann.

Ich meine aber, dass das Staunen über die „Geheimnisse der Natur" und über das Ausmaß, in dem die Wissenschaft in sie eindringen konnte, auch dazu motivieren kann, den Ahnungen von einer anderen, einer transzendentalen Wirklichkeit nachzugehen, denn – wie Carl Friedrich von Weizsäcker meint – „bezeichnen Strukturen, mit denen wir das sinnlich Wahrnehmbare beschreiben, vielleicht nur die Oberfläche einer tieferen Wirklichkeit. Schon die reale Sinnlichkeit enthält noch andere Qualitäten als nur diese mathematischen Strukturen; vielleicht verbirgt oder enthüllt sie auch teilweise andere Gestalten. Die Grenze zwischen Diesseits und Jenseits wird wieder durchlässig." [11]

In ähnlicher Weise äußert sich auch Sydney Brenner, Träger des Nobelpreises für Physiologie/Medizin, wenn er am Schluss seiner Nobelpreisrede sagt: „Es gibt noch viele Aspekte der menschlichen Natur, die wir verstehen müssen und für die es noch keine brauchbaren Modelle gibt. Vielleicht sollten wir davon ausgehen, dass die Moral nur den Göttern bekannt ist, und dass wir, wenn wir Menschen als

Modellorganismen für die Götter betrachten, durch das Studium unserer Selbst vielleicht auch dazu kommen, die Götter zu verstehen". [12] Das heißt nichts anderes, als dass es möglich sein könnte, zum Verständnis Gottes durch das Studium der Natur seines Ebenbildes zu kommen …

Die Wege zu transzendentaler Erkenntnis liegen vielfach außerhalb des Bereichs der Wissenschaft. Wenn man sie begeht, muss man der Wissenschaft aber nicht entraten: Wissenschaftliches Denken führt zwar nicht direkt zum Glauben, kann uns aber von so manchem Aberglauben befreien und helfen, Spuren des Göttlichen freizulegen und zu verdeutlichen. Gernot Eder [13] hat in seinem beeindruckenden „Theologischen Testament", das er im Angesicht des Todes in den letzten Oktobertagen des Jahres 2000 diktiert hat, die Ansicht geäußert, dass „natürlich nicht von der Naturwissenschaft direkt in die Gotteslehre übergegangen werden kann; dass man aber mit Hilfe einer Metasprache die Ergebnisse der Naturwissenschaft interpretieren kann in Bezug auf das Gottes- und Weltverständnis". [10] Um nichts anderes geht es in der Begegnung von Wissenschaft und Religion – als Spuren des Göttlichen, wo sie von allzu Menschlichem verschüttet wurden, als solche wahrzunehmen und zu erkennen.

Wahrnehmung und Erkenntnis in Wissenschaft, Kunst und Religion

Unter „Wahrnehmung" versteht man gemeiniglich die Verarbeitung von Informationen, die auf verschiedene Weise aus äußeren Umständen und inneren Zuständen gewonnen werden. Mit „Wahrnehmung" wird aber auch die Bildung komplexer Wahrnehmungsinhalte aus einzelnen Wahrnehmungsprozessen bezeichnet. Dabei werden auf subjektiv verschiedene Art bildliche und/oder gedankliche Vorstellungen konstruiert. Diese „Konstrukte" können durch alte und neu gemachte Erfahrungen immer wieder verändert und zu einem Gesamtbild erweitert werden. So entstehen unendlich viele individual- und gruppenspezifische „Konzepte", für die vielfach – allerdings zu Unrecht – der Anspruch allgemeiner Gültigkeit erhoben wird. Das gilt nicht nur für Wissenschaft und Kunst, sondern in ganz besonderer Weise auch für Religion und Politik. Über das maßlose Unheil, das religiöse und politische „Heilslehren" zu allen Zeiten angerichtet haben, sei kein weiteres Wort verloren ...

Der Versuch, etwas für „wahr" zu „nehmen", das heißt, etwas als „wahr" zu ver*einnahmen* und dadurch in den Besitz der „Wahrheit" zu kommen, kann schon deswegen nicht gelingen, weil das Wort „wahr" vieldeutig ist, und so auch der Begriff „Wahrheit". [14] Umso skeptischer muss man daher den Anspruch auf Wahrheitsfindung aus eigener Wahrnehmung sehen. Allerdings könnte unter der Voraussetzung, dass Wahrnehmung mehr mit Wahrscheinlichkeit als mit Wahrheit zu tun hat, eine kritische Reflexion der Wahrnehmungsinhalte eine Annäherung an die Wahrheit bewirken, denn es kann – wie John Henry Newman sagt – „der Mensch die Wahrheit in einer Wolke konvergierender Wahrscheinlichkeiten erkennen".

Die Möglichkeit, etwas „wahr" zu „nehmen", ist aber die Voraussetzung, etwas „begreifen", sich einen Begriff machen zu können. Dazu ist es notwendig, den haptischen Aspekt, der beiden Wörtern (nehmen, greifen) innewohnt, gleichsam ins Kognitive zu transponieren: Wahrnehmung in der Wissenschaft beginnt vielfach im Bereich des Konkreten, des sinnlich Erfahrbaren, des Wäg- und Messbaren und endet in der Abstraktion, in der „Theorie", in der „Schau" (griech. θεαω = ich schaue). Aus der Interpretation des Wahrgenommenen und des Begriffenen resultiert eine Sichtweise, die rational argumentiert, aber nicht ohne Weiteres kommuniziert werden kann.

Außerhalb des Bereichs der Wissenschaft scheint der Weg in die entgegengesetzte Richtung zu gehen: von der inneren „Schau" bis zur Umsetzung des Geschauten in Vorahnungen und Vorwissen, die sich dann zu Bildern und Ansichten, zur persönlichen Wahrnehmung, verdichten, die als solche zwar nicht argumentierbar, wohl aber kommunizierbar ist – das gilt im Besonderen für Kunst und Religion. [15] Hans Küng meint dazu: „Können nicht Musiker, Dichter, Künstler, religiöse Menschen unter Umständen Wirklichkeiten erahnen, erspüren, hören, sehen und in ihren Werken ausdrücken, die den physikalischen Raum, den Energie-Zeitraum sprengen?" [16]

Der wohl ergreifendste Hinweis auf das Zustandekommen von Religion durch außerwissenschaftliche Wahrnehmung, den ich ohne Kommentar im Folgenden wiedergeben möchte, stammt von Kardinal Franz König: „Das schlichte Dankgebet der Yamana auf Feuerland, das Bittgebet in den ägyptischen Grabkammern, die auf kleinen Tontäfelchen in Keilschrift verewigten Klagerufe, die Anrufung des Himmels in China, die Bittgebete der Griechen und Römer um Sieg und Erfolg, die Formel der Ergebenheit in den Büchern des buddhistischen Kanons, die Lobrufe an die Götter des awestischen und vedischen Pantheons in Indien und Persien sind ein vielstimmiges, nicht verstummendes Gloria, in Felsen geritzt, auf Ton geschrieben und in Stein gemeißelt. Sie sind ein ergreifendes *Miserere* und *De profundis* einer um Erlösung zu den Superi Rufenden, um Hilfe von oben flehenden Menschheit vergangener Jahrtausende. Soweit wir imstande sind, den Weg menschlicher Lebensäußerung und Kultur durch die menschliche Geschichte zu verfolgen, soweit begleiten uns die Zeichen und Stimmen suchender und betender Menschen." [17]

Wissenschaft als Qualität des Menschlichen

Wahrheitsliebe, Aufrichtigkeit, korrekte Selbsteinschätzung und Kritikfähigkeit sind menschliche Qualitäten, die zwar in allen Lebensbereichen, aber besonders in der Wissenschaft, bestimmend sein sollten. Wenn auch im Umgang von Wissenschaftlern miteinander davon oft nichts zu spüren ist, stellen sie doch eine unverzichtbare Grundlage für das wissenschaftliche Arbeiten dar. In einer Zeit, in der es für die Öffentlichkeit immer schwieriger wird, echte wissenschaftliche Leistungen zu erkennen und zu beurteilen, hat allerdings die große Stunde der Selbstdarsteller geschlagen, die durch ihre Medienpräsenz alle Zweifel an ihrer Seriosität zu zerstreuen versuchen. Wenn sich dann auch noch herausstellen sollte, dass der hinausposaunte Fortschritt nur das Resultat von Fälschungen von Forschungsergebnissen war, dann trägt dies in nicht wiedergutzumachender Weise zur weit verbreiteten Wissenschaftsskepsis, wenn nicht sogar Wissenschaftsfeindlichkeit bei. In dieser Situation ist es verständlich, dass auch *echte* wissenschaftliche Erfolge oft nur als Ausfluss kalter Rationalität verstanden und erfahren werden – die vielseitigen Klagen über die unmenschliche, weil angeblich nur naturwissenschaftlich orientierte, moderne Medizin zeugen davon. Es ist leider wahr, dass an diesem

Missverständnis viele Vertreter der Wissenschaft selbst schuld sind, wenn sie zum Beispiel den wissenschaftlichen Fortschritt ohne ethische Bedenken zur Verifizierung ihrer Heilstheorien und fantastischen Zukunftserwartungen erzwingen wollen.

„How beautiful it is to know!", hat Bertrand Russell einmal gesagt und damit wohl am besten die Unabdingbarkeit von individuellem Lustgewinn für das erfolgreiche Streben nach Erkenntnis dargelegt. Wissen zu wollen ist eine zutiefst menschliche Eigenschaft. Aber auf die Wissenschaft bezogen sei gefragt: Cui bono? Wissenschaft ist ja längst nicht mehr Privatsache! Der Mensch ist nicht nur ein *animal rationale*, sondern auch ein *zoon politikon*. Der Eros der Wissenschaft kann nur die individuelle Triebfeder, aber nicht die alleinige Motivation und letzte Intention des Forschungsbetriebes sein, der ja nach dem Verlassen der Elfenbeintürme ein partnerschaftliches „Unternehmen" geworden ist. Wissenschaft ist daher der Ausdruck kollektiver, das heißt allgemein menschlicher Rationalität und Intellektualität.

Wissenschaft hat für den Einzelnen wie auch für die „scientific community" einen besonders menschlichen, nämlich einen ethischen Aspekt: Allein der Ausdruck „wissenschaftlich" ist ethisch positiv konnotiert, wenn er zur Charakterisierung individueller Denk- und Handlungsweisen gebraucht wird. Zusätzlich soll darüber nicht vergessen werden, dass durch eine Verantwortungsethik im Sinne von Hans Jonas auch das kollektive Denken und Handeln einer Wissenschaftsdisziplin nicht ohne moralische Prinzipien erfolgen darf – aus Verantwortung für Welt und Natur.

Natur und Welt

Die Natur bringt die Welt in *dem* Maße und in *der* Wirklichkeit hervor, insoweit diese von lebendigen Wesen erahnt, erfahren, gedacht, errechnet oder konstruiert werden kann. Bei diesem „weltanschaulichen" Prozess – im wahren Sinne des Wortes – spielen Wissenschaften *jeder Art* eine tragende Rolle. Über die Problematik der Scheidung und Unterscheidung von Natur- und Geisteswissenschaften ist schon viel geschrieben worden. Nur eines noch: Es hat den Anschein, als ob sich die Wissenschaften von ihrer „Natur" her jeglicher Kategorisierung widersetzten. Eine klassische Naturwissenschaft wie die synthetische

organische Chemie bringt „unnatürliche", das heißt Kunstprodukte, in unvorstellbarer Zahl hervor, während sich die Anthropologie als Geisteswissenschaft mit einer der kompliziertesten Hervorbringungen der Natur beschäftigt: dem Menschen. Wenn Ludwig Wittgenstein meint, dass „alle Wissenschaft Naturwissenschaft ist" [18], dann ist das kein logischer Kunstgriff, um die abendländische Aporien von Natur und Geist, von Psyche und Soma aufzulösen, sondern es liegt diesem Satz aus dem „Tractatus logico-philosophicus" ein tieferes Verständnis von dem, was wir gemeiniglich – manchmal gedankenlos, manchmal romantisierend – als „Natur" bezeichnen, zugrunde. Wissenschaft ist daher ein Mittel zu einer weitgehend rationalen Wahrnehmung und Erfahrung der Welt. Aus der damit verbundenen Faszination heraus vergessen wir leicht, dass – wie eingangs ausgeführt – ein tieferes „Weltverständnis" ohne außerwissenschaftliche Wahrnehmung und Erkenntnis nicht möglich ist. Es bleibt der Eigenverantwortung des Einzelnen überlassen, inwieweit er sich für die Bildung seiner „Weltanschauung" mit Wissenschaft, Religion und Kunst und deren wechselseitigen Beziehungen auseinandersetzt. In diesem Zusammenhang möchte ich auf ein Zitat von Romano Guardini [19] hinweisen, der in seinen Reflexionen über die Ethik der Lebensalter auf die Bedeutung der außerwissenschaftlichen Wahrnehmung im Kindesalter für eine spätere, an der Wissenschaft orientierten Lebensführung hingewiesen hat: „(…) das Kind, das nicht in die Lage gekommen ist, Märchen zu hören und zu erleben, wird später nicht ohne Weiteres imstande sein, der Wissenschaft ihren vollen, zugleich aber auch in seine Grenzen eingeschränkten Wert zu geben – ebenso, wie im Großen gesehen, die moderne Wissenschaft nie möglich gewesen wäre, wenn nicht die mythische Erlebnisform der Frühzeit und die auf das Symbol ausgerichtete Anschauungsweise des Mittelalters die entsprechenden Erlebnisschichten gewonnen hätten."
Eine besondere Bedeutung kommt der Suche nach dem Göttlichen in der Natur im Spannungsfeld zwischen Wissenschaft und Religion beziehungsweise Theologie zu. Theologie könnte das wissenschaftliche Instrumentarium zur Verfügung stellen, das uns hilft, außerwissenschaftliche Wahrnehmung aus den Mythen der Menschheit, aus der christlichen Offenbarung in persönliche und vielleicht auch gesellschaftliche Erkenntnisse umzusetzen. Theologie sozusagen als

Theorie einer spezifischen außerwissenschaftlichen Erkenntnis. Soweit der Gegenstand dieser Art von Wahrnehmung und Erkenntnis der Mensch und seine Welt ist, ergeben sich durchaus Komplementaritäten zu den Naturwissenschaften im weiteren Sinn. Allerdings darf nicht übersehen werden, dass es gerade um das Verhältnis zwischen Theologie und (Natur-)Wissenschaften nicht zum Besten bestellt ist. Reinhart Kögerler schreibt dazu: „(…) Insbesondere die Theologie ist vorsichtig geworden. Schwer gezeichnet durch eine Kette von Niederlagen der theologischen Apologetik gegenüber den sich entfaltenden, in immer mehr Bereiche sich ausbreitenden Einzelwissenschaften, versucht sie heute, ihre Aussagen auf jene Ebenen zu konzentrieren (die Ebenen des Sinns, des Existenziellen (...)), wo sie für naturwissenschaftliche Kritik unerreichbar wird. Aber dabei läuft sie Gefahr, dass mit der zunehmenden Unangreifbarkeit durch die (natur)wissenschaftliche Kritik ihre Aussagen zunehmend irrelevant werden für Menschen, die mit Hilfe der Wissenschaft ihr Weltbild entwickeln. Es geht aber (…) nicht so sehr um Auseinandersetzung über bestimmte einzelne inhaltliche Problemkreise (Schöpfung, Determiniertheit, Vorsehung, Zeit, Bewusstsein) (...), sondern (um) die Frage, ob nicht auf der Metaebene der wissenschaftlichen Methodik eine intensivere Interaktion von Theologie (als Wissenschaft) und Einzelwissenschaften möglich ist, (ob nicht) eine Analyse beziehungsweise ein Vergleich der verschiedenen Formen der Erkenntnissuche ein tragfähigeres Fundament für die Auseinandersetzung (das Gespräch) liefern kann." [20]

Spuren des Geistigen in der Natur

Der Maler Max Weiler (1910–2001) hat in seinem von einer tiefen religiösen Überzeugung ausgehenden Lebenswerk versucht, die „Spuren des Geistigen" in der Natur wahrzunehmen und darzustellen. (Vgl. dazu [21].) Für Weiler war alles in und um uns auf geheimnisvolle Weise lebendig, wie er in einem Fernsehinterview wenige Jahre vor seinem Tod sagte. Für ihn gab es keine unbelebte, sondern nur eine belebte Natur, deren Wandel und Wandlungsfähigkeit in unterschiedlicher Weise erfahrbar ist. (Vgl. dazu Abbildung 1: „Die in der Steinwelt wohnen II", S. 81.)

In seinen „Tag- und Nachtheften" schreibt er einmal: „Ich bin gläubig wie irgendein alter Gläubiger, nur glaube ich, dass alles in mich hineingelegt worden ist." Und an anderer Stelle: „Ich kann den Griffel verfolgen, der mich schreibt." [22] Weiler hat seinen Schöpfungsauftrag gelebt und versucht, ihn uns durch seine Bilder zu vermitteln …
Eine ähnliche Auffassung vom „Leben in der Natur" wie bei Max Weiler vermeint man bei dem Mathematiker Freeman J. Dyson zu finden, wenn er schreibt: „(…) (Eine) Sichtweise, die Lebewesen nicht als Ansammlung von Molekülen, sondern als Organisationsmuster wahrnimmt, trifft nicht nur auf Bienen und Bakterien, Schmetterlinge und Regenwälder zu, sondern auch auf Sanddünen und Schneeflocken, Gewitterstürme und Hurrikane. Das unbelebte Universum ist so vielfältig und dynamisch wie das belebte, und es wird ebenfalls von Organisationsmustern beherrscht, die wir noch nicht verstehen. (…) Die großen Probleme – die Evolution des Universums als Ganzes, der Ursprung des Lebens, die Natur des menschlichen Bewusstseins und die Entwicklung des Erdklimas – können nicht verstanden werden, wenn man sie auf Elementarteilchen und Moleküle reduziert." [23]
Auch Teilhard de Chardin geht davon aus, dass allen physischen Dingen geistige Eigenschaften innewohnen. Teilhard behauptet allerdings nicht, dass unbelebte Dinge oder technische Artefakte ein volles Bewusstsein haben und zum Beispiel Schmerzen erleben können. Vielmehr stellt er die Theorie auf, dass in der Wirklichkeit eine gestufte Form der Geistigkeit anzutreffen ist: Nur dann, wenn eine Entität in physischer Hinsicht ausreichend komplex ist, kann auch die korrespondierende geistige Seite komplexe Züge annehmen. Ein Atom etwa ist nicht ausreichend komplex, um ein Bewusstsein zu haben. Ein Lebewesen wie der Mensch hat jedoch eine ausreichend komplexe Anordnung des Physischen, sodass die korrespondierende geistige Anordnung ein bewusstes Erleben aufweist. [24]
Gewiss muss der forschenden Wissenschaft die letzte Erkenntnis über den Urgrund der Natur und ihrer Wandlungen, der sich dem Religiösen als ihr Schöpfer geoffenbart hat, versagt bleiben, weil wissenschaftliche Theorienbildung sich nur in Grenzen einer Wirklichkeit annähern kann, die sich aus ihrer Eigenheit einer totalen Erfassung entzieht. Nikolaus von Kues sagt dazu: „Das ist die Eigenart intellektueller Naturen, dass sie als Vernunftwesen teilhaben an dem, das alle

Teilhabe ausschließt." [25] So bleibt uns nur zu hoffen, dass unter den Bruchstücken unserer wissenschaftlichen Erkenntnis über das Wandelbare, das Veränderliche, das Lebendige in der Natur auch solche sind, die, ohne dass wir es letztlich nachweisen können, die Spuren des Geistigen, des Göttlichen in sich bergen.

Dazu möchte ich Gottfried Schatz zitieren, der in seinem Aufsatz „Jenseits der Gene – wie uns der Informationsreichtum der Erbsubstanz Freiheit schenkt" zu dem bemerkenswerten Schluss kommt: „In seinem Streben nach Vielfalt lässt das Leben offenbar nichts unversucht, um eine Tyrannei der Gene zu verhindern. Was an mir ist gigantisch verstärktes molekulares Rauschen? Wie stark unterläuft dieses Rauschen meine genetische Programmierung? Manche mögen in ihm den *göttlichen Atemzug* verspüren. Mir erzählt es vom *Wunder meines Daseins* als hochkomplexe Materie in einem chemisch urtümlichen Universum." [26] Ich sehe im „Verspüren des göttlichen Atemzuges" und in der Erfahrung des „Wunders meines Daseins" keinen Widerspruch. Das aus der Wissenschaft geborene Staunen und Erschauern über das *Wunder unseres Daseins* könnte auch Anlass sein, um außerhalb des Bereiches wissenschaftlicher Erkenntnis den Versuch der Wahrnehmung, des *Verspürens des göttlichen Atemzuges* zu machen, sich also auf die *Suche nach Spuren* des Göttlichen in der „Schöpfung" zu begeben.

„Noch lag die Schöpfung formlos da – nach heiligem Bericht"

Schöpfung kann sowohl „Schaffen" oder „Erschaffen" als auch das Ergebnis dieses Vorganges bedeuten. In dieser Hinsicht sind wir, in der Bilderwelt des Kinderkatechismus befangen, nur allzu geneigt, die Schöpfung als etwas Abgeschlossenes, Fertiges zu betrachten. Die ersten Verse des Buches Genesis legen aber eine andere Interpretation nahe: Der biblische Schöpfungsbericht in der Übersetzung der *Septuaginta* beginnt zwar mit der Tatsachenfeststellung: „ἐν ἀρχῇ ἐποίησεν ὁ θεὸς τὸν οὐρανὸν καὶ τὴν γῆν", das heißt „Im Anfang ‚machte' (ἐποίησεν) Gott Himmel und Erde", doch im weiteren Verlauf der Erzählung wird dann klar, dass das Handeln Gottes, das völlig Neues, bisher nicht Gewesenes hervorbringt, mit „machen" im Sinne von „herstellen", „schaffen" oder auch „erschaffen" nur unzulänglich beschrieben werden kann. Das wird im Vers 3 deutlich, der berichtet: „καὶ εἶπεν ὁ θεός γενηθήτω φῶς καὶ ἐγένετο φῶς", das heißt „Gott sprach, dass Licht entstehen solle, und das Licht entstand". Die Verwendung des Wortes γιγνομαι (werden, entstehen, wachsen) macht deutlich, dass hier der Beginn eines Prozesses beschrieben wird und nicht der Abschluss einer Handlung. Auch die weiteren Schritte, die in Abfolge zu einer immer größeren Differenzierung der ursprünglich „formlosen Schöpfung" [27] führen, beginnen damit, dass Gott immer wieder „spricht": „Ein Gewölbe entstehe mitten im Wasser und scheide Wasser von Wasser (…) das Wasser unterhalb des Himmels sammle sich an einem Ort, damit das Trockene sichtbar werde (…) das Land lasse junges Grün wachsen, alle Arten von Pflanzen (…) Lichter sollen am Himmelsgewölbe sein, um Tag und Nacht zu scheiden (…) Das Wasser wimmle von lebendigen Wesen und Vögel sollen über dem Land am Himmelsgewölbe dahinfliegen (…) Das Land bringe alle Arten von lebendigen Wesen hervor, von Vieh, von Kriechtieren und von Tieren des Feldes (…)."

Die Einzigartigkeit des jüdisch-christlichen Schöpfungsmythos liegt darin, dass er eine Geschichte erzählt, die – obwohl nur aus Ahnungen oder Vorwissen entstanden – in ihrer Plausibilität in keinem fundamentalen Widerspruch zu den heutigen wissenschaftlichen Erkenntnissen über die kosmische und biologische Evolution steht, [28] was man von anderen Schöpfungsmythen wohl nicht behaupten kann. Das 1. Kapitel der Genesis berichtet aber nicht davon, wie Gott in sieben Tagen die Welt geschaffen hat, sondern davon, wie Gott durch sein „Wort" den Anstoß zum Werden der Welt in der Zeit gibt – Augustinus von Hippo spricht von einer *creatio continua*, einer fortdauernden Schöpfung im Sinne eines durch Gott in Gang gehaltenen sukzessiven Prozesses. Diese Auffassung findet man auch in der Naturphilosophie der Neuzeit (etwa bei Newton, Descartes, Spinoza oder Schelling) [29], sie spielt eine zentrale Rolle im Denken Teilhard de Chardins, der die Schöpfung ja nicht als vollendet, sondern in kontinuierlicher Evolution zu ihrem endgültigen Ziel hin gesehen hat. Nur im Glauben daran hat das uralte Gebet der Kirche einen Sinn: „Sende aus Deinen Geist – und alles wird *neu geschaffen* …"

„Macht euch die Erde untertan" – die Erschaffung der Lebenswelt durch den Menschen

Die biblische Erzählung vom Sündenfall erinnert daran, dass das Verlangen nach der Frucht vom Baum der Erkenntnis zur totalen Entfremdung des Menschen von Gott führte, wobei die Ausweisung aus dem Paradies mit der Verpflichtung verbunden war, die Erde zu bebauen. [30] „Macht euch die Erde untertan!" ist nicht längst Geschichte gewordener Auftrag von Anbeginn der Menschheitsgeschichte, sondern tagtäglich erneute Herausforderung, unser Leben und das unserer Mitmenschen und all unseren Lebensraum zu gestalten. So ist die Erschaffung der Lebenswelt für den Menschen diesem anheimgestellt und es bleibt ihm überlassen, diese nach seinen Vorstellungen und Erkenntnissen zu prägen und sich darin selbst zu „verwirklichen"; der Mensch wird sozusagen zum integralen Bestandteil seiner Lebenswelt – nicht aus eigener Machtvollkommenheit, sondern im Bewusstsein der Verantwortung gegenüber dem, der in Wahrheit „alles neu schafft, um das Antlitz der Erde zu erneuern".

Im Laufe der Geschichte hat sich die Rolle der Wissenschaften in diesem Prozess immer mehr „verfestigt": Vielleicht ist es erlaubt, von Wissenschaft als einer spezifischen Bemühung des Menschen um des Menschen willen zu sprechen. In diesem Sinn wäre Wissenschaft – wie Kunst, Religion und Politik, um noch einmal Carl von Weizsäcker zu zitieren [15] – ein Potenzial alles Menschlichen, die Fähigkeit, sich selbst für sich selbst zu suchen, auch wenn sie nur Spuren sichtbar machen kann, die zu diesem Ziel führen.

Die dunkle Seite von Natur und Welt

Der biblische Schöpfungsmythos bietet eine Erklärung dafür, dass die Welt des Menschen und damit das menschliche „Da-sein" in allen Aspekten an das „So-sein" der Natur gebunden ist. Infolge dieser bedingungslosen Abhängigkeit erhebt sich die Frage, ob nicht die Suche nach dem Göttlichen in der Natur und dem Menschlichen in der Welt weithin, wenn nicht gänzlich, vergebens sein muss: Es kann das menschliche Denken die gegensätzlichen Wirklichkeiten unseres

Seins nicht auflösen, sondern muss in ihnen verhaftet bleiben. Trotz aller Denkanstrengungen müssen wir akzeptieren, dass es zur *conditio humana* gehört, nicht zum letzten Erkenntnisgewinn kommen zu können.

Dass diese Akzeptanz nicht immer gelingen kann, möchte ich mit einigen Zitaten aus dem Chandos-Brief von Hugo von Hofmannsthal [31] illustrieren, in dem die fiktive Figur des Philipp Lord Chandos in einem Brief an Francis Bacon sein früheres Verständnis von Dichtung als „die Erkenntnis der (...) tiefen, wahren, inneren Form, die jenseits des Geheges der Kunststücke erst geahnt werden kann, dass sie das Stoffliche anordne, denn sie durchdringt es, sie hebt es auf und schafft Dichtung und Wahrheit zugleich (...). Dies war mein Lieblingsplan." – „Mir schien damals in einer Art von andauernder Trunkenheit das ganze Dasein als eine große Einheit: geistige und körperliche Welt schien mir keinen Gegensatz zu bilden, ebenso wenig höfisches und tierisches Wesen, Kunst und Unkunst; es ahnte mir, alles wäre Gleichnis und jede Kreatur ein Schlüssel der andern." Doch mit zunehmender Erfahrung des Lebens muss er feststellen, dass es keine Einheit mehr gibt zwischen Natur und Kunst, Körper und Seele oder Sprache und Empfindung. Diese Einheiten sind dauerhaft zerrissen. „Mein Fall ist in Kürze dieser: Es ist mir völlig die Fähigkeit abhanden gekommen, über irgendetwas zusammenhängend zu denken oder zu sprechen. (...) Ich empfand ein unerklärliches Unbehagen, die Worte ‚Geist', ‚Seele' oder ‚Körper' nur auszusprechen", denn „die abstrakten Worte, deren sich doch die Zunge naturgemäß bedienen muss, um irgendwelches Urteil an den Tag zu geben, zerfielen mir im Munde wie modrige Pilze".

Wir können nicht darüber hinwegkommen, dass der Traum vom „Dasein als einer großen Einheit der geistigen und körperlichen Welt", das heißt von der vorweggenommenen *Coincidentia oppositorum* [32] in Welt und Natur, immer wieder unserer Lebenserfahrung widerspricht: Wir müssen immer wieder zur Kenntnis nehmen, dass die Natur, die wir als von geheimnisvollem Leben erfüllt erfahren können und die den Menschen und seine Welt hervorbringt, diese gleichzeitig auch wieder – in einer nach menschlichen Kategorien – willkürlichen, grausamen und endgültigen Art und Weise zerstört. Die kritiklose Naturverherrlichung unserer Zeit ist schuld daran, dass wir im blinden Glauben an die „guten" Kräfte der Natur übersehen, dass die Natur uns nicht heilt, sondern krank macht und uns letztlich umbringt, sei es durch eine genetisch bedingte Krankheit mit infauster Prognose oder durch einen verheerenden Tsunami. Leben, Leiden, Krankheit und Tod sind Vorgänge und Ereignisse, die uns die Natur unerbittlich aufzwingt.

Wo ist das Menschliche in der Welt?

In der vom Menschen geschaffenen Lebenswelt lassen sich zahllose, die Zeiten überdauernde Spuren seines Wirkens ausmachen, doch allzu oft und manchmal ausschließlich zeugen diese nur von Tod und Zerstörung. Am Beginn des 21. Jahrhunderts wird durch die Möglichkeit einer globalen Erfahrung von Weltkrieg, Massenmord, Verfolgung, Vertreibung und Terrorismus die Frage nach dem Ursprung des Unmenschlichen in der Welt so aktuell und gleichzeitig so unlösbar wie nie zuvor.

Weil „Menschlichkeit" eine so überaus positive Konnotation hat, sind wir nur allzu leicht geneigt, das „Menschliche" mit dem „Guten" gleichzusetzen und zu ignorieren oder zu vergessen, dass doch im Menschen Gut und Böse untrennbar verbunden sind und daher die Suche nach dem Menschlichen in der Welt zwangsläufig auch das Unmenschliche entdecken, aufdecken muss. Wieweit eine „Wissenschaft vom Menschen" eine Erklärung für die Zwiespältigkeit des Menschen geben kann, lässt sich nicht vorhersagen. Es besteht nach Ansicht von Jürgen Mittelstraß durchaus die Möglichkeit, dass jegliche Zunahme unseres Wissens über den Menschen und seine Welt nicht zu einer Verminderung, sondern geradezu zu einer Vermehrung unseres Nicht-Wissens führt. [33] Wozu noch Wissenschaft betreiben, wenn jede neue Erkenntnis nur zur Einsicht führen muss, dass uns das letzte Erkennen Gottes und der Natur, des Menschen und der Welt gerade durch das unserem Menschsein inhärente Bemühen um Erkenntnis verwehrt ist. Wozu noch Wissenschaft betreiben, wenn jede wissenschaftliche Entdeckung den Kern des Verderbens unmerkbar in sich tragen kann: Otto Hahn hat die Entdeckung der Kernspaltung mit seinen Mitarbeitern bei einem Glas Rotwein gefeiert – ohne Hiroshima und Nagasaki voraussehen zu können.

Die Sünde wider den Geist

Resignation und „Aussteigen" aus der Wissenschaft bieten sich an – und verbieten sich doch gleichzeitig für jeden, der das Bemühen um intellektuelle Erkenntnis als eine unverzichtbare Qualität des Menschseins ansieht, derer er sich aus einer inneren Verpflichtung nicht entledigen will. Sich trotz aller intellektueller Ausweglosigkeiten vom Wissenschaftstrieb leiten zu lassen, heißt, eine große Herausforderung anzunehmen: „das Undenkbare zu denken". Individuelle Motivationen dafür mag es viele geben, sie liegen im Bereich privater Welt- und Menschenbilder, für den es keinen Anspruch auf alleinige Gültigkeit geben kann. Daher soll es auch jedem, dem der biblische Schöpfungsmythos Anlass zur Hoffnung gibt, überlassen bleiben, sich mithilfe der Wissenschaft eine Weltanschauung zu bilden, mit der er auch die Spuren des Göttlichen in der Natur und des Menschlichen in der Welt wahrnehmen kann.

Am Beginn meiner wissenschaftlichen Laufbahn bin ich auf ein Zitat von Gottfried Benn gestoßen, das mich nicht „losgelassen" hat und das mich zeitlebens nicht loslassen wird: Benn beschreibt die „Conditio humana" prägnant und direkt, indem er sagt, der Mensch sei „ein armer Hirnhund, schwer mit Gott behangen". [34] Es wäre verständlich, wenn ein Wissenschaftler als besonderer „Hirnhund" die Schwere der Gotteslast besonders verspürt und in tiefe, auswegslose Depression verfiele. Ich frage mich aber, ob er nicht durch diese Selbstaufgabe gerade die einzige Sünde begeht, die keine Vergebung findet (nach Mt 12,32) – die Sünde wider den Geist!

Gottesbilder
und der Streit um
Heilsplan und Evolution

„*Ex umbris et imaginibus in veritatem*"
Kardinal John Henry Newman (1801–1890)
(selbst gewählte Grabinschrift)

„(…) *By the light of reason the human intellect can readily and clearly discern purpose and design in the natural world, including the world of living things.*"
Kardinal Christoph Schönborn
(*New York Times*, 7. Juli 2005)

Kardinal Franz König war der Dialog zwischen Theologie und Naturwissenschaft stets ein großes Anliegen. Ein zentrales Problem dabei ist das der Kompatibilität von wissenschaftlicher Erkenntnis und grundlegenden Glaubensinhalten. Gernot Eder war der Ansicht, dass „natürlich nicht von der Naturwissenschaft direkt in die Gotteslehre übergegangen werden kann; dass man aber mit Hilfe einer Metasprache die Ergebnisse der Naturwissenschaft interpretieren kann in Bezug auf das Gottes- und Weltverständnis". [10] Ein derartiges Gespräch kann durchaus erfolgreich sein, wenn nicht nur Einverständnis über die Gesprächsbasis besteht, sondern die Diskussion – von beiden Seiten – auch im Bewusstsein um die begrenzte Gültigkeit wissenschaftlicher und religiöser Aussagen geführt wird. Zu welchen Irrungen und Wirrungen es kommen kann, wenn dieses Postulat außer Acht gelassen wird, zeigt die weltweite Auseinandersetzung zwischen religiösen Fundamentalisten und religionsverachtenden Agnostikern um die Möglichkeit, mithilfe der Wissenschaft entweder ein sogenanntes „Intelligent Design" in der Natur zu erkennen, das die Annahme einer Evolution des Lebens und des Universums widerlegen würde, oder die Annahme eines göttlichen Wesens als Ursache der Entstehung des Lebens und des Universums ad absurdum zu führen.

Die Auffassung, dass sich Eigenschaften des Universums und des Lebens auf der Erde am besten durch eine intelligente Ursache erklären lassen, auf deren Existenz durch ein in der Natur auffindbares „Intelligent Design" rückgeschlossen werden kann, ist eine moderne Fassung des traditionellen teleologischen Arguments für die Existenz des christlichen Gottes. Verfechter von „Intelligent Design", die hauptsächlich, aber nicht ausschließlich in Kreisen evangelikaler Freikirchen in den USA zu finden sind, vertreten den Standpunkt, dass die Theorie eines „Intelligent Design" den wissenschaftlichen Theorien zum Ursprung des Lebens ebenbürtig beziehungsweise ihnen sogar überlegen sei. Da sich keinerlei stichhaltige epistemologische Begründung für diesen Anspruch erkennen lässt, muss man aber hier von einer pseudowissenschaftlichen Theorienbildung sprechen.

In seinem Essay „Why do scientists scoff at Intelligent Design?" meint Jiří Vácha [35], dass man sich trotzdem mit der Hypothese eines „Intelligent Designs" ernsthaft auseinandersetzen sollte, weil man ihren Anhängern zugutehalten müsse, dass sie versuchen, „to arrive at the very threshold of an idea of a participation of some superior intellect in the forming of living beings (…)" und somit Verbündete im Kampf gegen einen immer mehr überhand nehmenden rabiaten Agnostizismus mancher Neodarwinisten sein könnten. Ich würde dieser Ansicht zustimmen, wenn sich die Vertreter eines „Intelligent Design" vorurteilsfrei – und nicht aus der erklärten Absicht, die biologische Evolutionstheorie zu widerlegen – wirklich nur bis an die „Schwelle" zu einer Vorstellung über das Wirken eines höheren „Intellekts" in der Geschichte des irdischen Lebens herantasten würden und die dabei verwendete Argumentation in einer ernsthaften wissenschaftlichen Auseinandersetzung Bestand hätte: Im Zeitalter von „Systems Biology" muss aber der Versuch, in der Natur geschlossene, „irreduzibel komplexe Systeme" zu finden, welche die Haltlosigkeit der Evolutionstheorie beweisen sollen, als anachronistisch angesehen werden. Er ist aber auch heuristisch bedeutungslos, weil viele in der Natur auffindbare Strukturen, die mit wesentlich größerer Berechtigung als „Intelligent Design" klassifizierbar wären, sich nicht zur Widerlegung der Evolutionstheorie eignen. Walter Thirring schreibt dazu im Zusammenhang mit dem experimentellen Nachweis des Lense-Thirring-Effekts und damit der Bestätigung der Einstein'schen Raum-Zeit-Vorstellungen: „Das sollte wohl die Debatte beenden, ob dem Kosmos ein intelligenter Plan zu Grunde liegt. Wir haben ihn ja mit den Einstein'schen Gleichungen in den Händen." [36]

Sieht man von der mangelnden Wissenschaftlichkeit in der Beweisführung für die Erkennbarkeit eines „Intelligent Design" durch die Vertreter eines rigiden Kreationismus ab, drängt sich doch die Frage auf, welche Motive zu der Formulierung einer derartigen Hypothese im Allgemeinen und zur Wahl des Begriffes „Intelligent Design" im Besonderen geführt haben. Es braucht nicht näher darauf eingegangen zu werden, dass dahinter der Versuch steht, die persönliche Überzeugung von der Existenz eines einzigen Gottes, durch den alles geschaffen und geworden ist, durch den Hinweis auf die Nachweisbarkeit eines intelligenten Handlungsplanes auch für andere nachvollziehbar zu machen. Für diejenigen, die *a priori* an die Nichtexistenz eines Schöpfergottes „glauben", ist dieser Versuch irrelevant; für die „Andersgläubigen" muss sich aber die Frage stellen, welches Bild Gottes wohl hinter der Annahme steht, dass aus einem „Intelligent Design" auf sein ewiges Walten geschlossen werden kann. Es sei angemerkt, dass die christliche Theologie für derartige Überlegungen besonders anfällig ist, weil sie durch die Jahrhunderte über die Erkennbarkeit eines Heilsplans Gottes diskutiert hat, welcher der Geschichte der Welt und des Individuums zugrunde liegen könnte.

Der Gott des Kreationismus:
Demiurg oder Laplace'scher Dämon?

Die Annahme eines nach menschlichen Begriffen intelligenten Urhebers der Welt lässt weniger an den sich in vielfältigen Bildern äußernden Gott des Christentums (s. S. 36) als an den Demiurgen, den in Platons naturphilosophischem Werk „Timaios" beschriebenen Schöpfergott, der den Kosmos erschuf, indem er ihn als Abbild der kategorialen platonischen Ideen ordnete, und noch viel eher an den Laplace'schen Dämon denken. Der Ausdruck stammt aus folgendem Zitat von Pierre-Simon Laplace: „Wir müssen also den gegenwärtigen Zustand des Universums als Folge eines früheren Zustandes ansehen und als Ursache des Zustandes, der danach kommt. *Eine Intelligenz*, die in einem gegebenen Augenblick alle Kräfte kennt, mit denen die Welt begabt ist, und die gegenwärtige Lage der Gebilde, die sie zusammensetzen, und die überdies umfassend genug wäre, diese Kenntnisse der Analyse zu unterwerfen, würde in der gleichen Formel die Bewegungen der größten Himmelskörper und die des leichtesten Atoms einbegreifen. Nichts wäre für sie ungewiss, Zukunft und Vergangenheit lägen klar vor ihren Augen." [37]

Mit anderen Worten: Zum vorher erwähnten reduktionistischen Weltbild der Vertreter eines „Intelligent Design" passt auch deren vereinfachte Vorstellung vom Gott der Schöpfung als eines nach Maßgabe menschlicher Qualitäten, wie zum Beispiel der Intelligenz, planenden übernatürlichen Wesens. Hier wird die Wesensverwandtschaft des Gottesbildes der Vertreter des „Intelligent Design" mit der Vorstellung eines intelligenten Weltgeistes in der Laplace'schen Philosophie des Determinismus offenbar. Ob das in das christliche Konzept eines Schöpfergottes nach biblischer Darstellung passt, lasse ich dahingestellt ...

Dimensionen des Gottesbildes in der jüdisch-christlichen Tradition

In seiner Auseinandersetzung nicht nur mit dem Kreationismus fundamental-evangelikaler Prägung allein, sondern mit den monotheistischen Weltreligionen insgesamt verwendet Richard Dawkins das Bild eines „interventionistischen, wundertätigen, Gedanken lesenden, Sünden bestrafenden und Gebete erhörenden Gottes der Bibel, der Priester, Mullahs und Rabbis" und meint, dass die Annahme der Existenz eines derart absurd anmutenden Gottes zur Erklärung der Entstehung und Entwicklung des Lebens angesichts der auf rationaler Erkenntnis beruhenden Evolutionstheorie überflüssig geworden sei. Dawkins ist aber kein Vorwurf zu machen, dass er sich auf ein sehr einseitiges, um nicht zu sagen eindimensionales Gottesbild bezieht, das ja durchaus einer der unendlich vielen Varianten eines vereinfachten biblischen Gottesbildes entspricht, die im Lauf der Geschichte entstanden und die von jeweils unterschiedlichen religiösen Strömungen zum Zwecke der Identitätsfindung und Abgrenzung gegenüber Anders- und Ungläubigen vereinnahmt worden sind. [38] Wir haben es hier mit einer Reduktion des ursprünglich sehr komplexen und innerlich widersprüchlichen, das heißt mehrdimensionalen Gottesbildes der monotheistischen Religionen, das jede menschliche Begrifflichkeit übersteigt, auf eine einfachere und deswegen möglichst widerspruchsfreie Variante zu tun.

Das Entstehen der monotheistischen Religionen aus polytheistischen Anfängen, ein Vorgang der von Jan Assmann als „mosaische Wende" [39] bezeichnet wurde, verlangt geradezu die Synthese eines komplexen Gottesbildes aus früher den einzelnen Gottheiten zugeordneten Eigenschaften und Aspekten ihres Wirkungsbereiches [40], das daher auch deren Widersprüchlichkeiten umfasste, die dann mehr oder minder unabhängig voneinander wahrgenommen und tradiert wurden. So trägt zum Beispiel in den Psalmen der von Moses in der Auseinandersetzung mit Aaron als einzig ausgewählte Gott [41] noch die Züge eines furchterregenden Kriegsgottes, der seine Feinde zerschmettert [42] [43], als auch die eines guten Hirten, der es den Angehörigen des von ihm auserwählten Volkes an nichts mangeln lässt. [44] Die Koexistenz unterschiedlicher und auch widersprüchlicher Bilder und Vorstellungen des einen Gottes – man denke an die Aussage bei Deuterojesaia (Jes 45,7) *Ich bin der Herr und sonst keiner mehr, der ich das Licht mache und die Finsternis, der ich Frieden gebe und Unheil schaffe* – wurde in der Tradition des Alten Bundes offenbar uneingeschränkt akzeptiert, und auch am Beginn des Neuen Bundes dürfte sich daran nichts geändert haben. Die Bilder des leidenden und sterbenden Gottessohnes in den Evangelien, der als Menschensohn auf den Wolken sitzend zum Gericht am Ende der Zeiten wiederkommt (s. Mt 25, 31 beziehungsweise 26, 64) und aus dessen Mund – nach der Offenbarung des Johannes 19, 11–16 – das Schwert fährt, mit dem die Verdammten gerichtet werden, stehen so erst einmal nebeneinander. Allerdings musste die Neudimensionierung des traditionellen Gottesbildes durch die Einbeziehung der auf den Messias bezogenen Aussagen der neutestamentlichen Schriften auf strikte Ablehnung im Judentum stoßen, war doch damit die Übertragung der Rolle des auserwählten Volkes von Israel auf die gesamte Menschheit verbunden. [45]

Im späteren Verlauf der Entwicklung des Christentums zur Weltreligion kam es zwischen verschiedenen Gruppen immer wieder zu geistigen und oft auch kriegerischen Auseinandersetzungen um das wahre Bild des einzigen Gottes und damit auch um die Gottesebenbildlichkeit des Menschen. [46] Hier könnte man den Streit zuerst mit den Arianern und später mit der Kirche von Byzanz um das wahre Bild der Dreifaltigkeit, mit den Monophysiten um die richtige Art, das Bild Jesu als Gott und Mensch zu zeichnen, mit Luther und Calvin um das Bild eines Gottes, der die Bestimmung des Menschen zu Erlösung oder Verdammung allein vom Ausmaß der Vermittlung seiner Gnade abhängig machte, nennen.

Eine unüberwindbare Schwierigkeit, der sich die monotheistischen Religionen seit Jahrhunderten gegenübersehen, liegt darin, dass ihre Theologen immer mit dem „Problem der rationalen Verständlichkeit der bloßen Idee eines Abbildes Gottes" konfrontiert sind [47], das heißt, dass sie das, was sie als „unbegreiflich" und „unbeschreibbar" erkannt haben, durch eine zeitgemäße Sprache möglichst vielen Menschen auch rational verständlich machen müssen. In dem Ausmaß, in dem im Lauf der Zeit das Weltbild immer weniger von der Theologie als einziger und höchster Wissenschaft und immer mehr von den sich von dieser Ansicht emanzipierenden Human- und Naturwissenschaften geprägt wurde, musste jeder Versuch, das Bild und Abbild Gottes mithilfe von Vorstellungen und Begriffen aus vorwissenschaftlichen Zeiten zu interpretieren, zwangsläufig mehr oder minder anachronistisch erscheinen.

Ein typisches Beispiel dafür ist die in den großen christlichen Kirchen existierende Vorstellung von der Dreifaltigkeit: „In Gott sind drei Personen – Vater, Sohn und Heiliger Geist." Jedoch kann die Reduktion des Gottesbildes auf ein Vater-Sohn-Verhältnis unter Hereinnahme des von beiden oder nur vom Vater ausgehenden Heiligen Geistes in Tiergestalt, wie es uns eine jahrhundertealte unglückselige Ikonografie der Trinität „glauben machen" will, nicht im Entferntesten die Anschauung der Denker des unerkennbaren Gottes visualisieren, die wie schon Paulus von Tarsos „Gott als Alles in Allem" [48] sehen.

Der anglikanische Theologe und Bischof John A. T. Robinson (1919–1983) wies auf einen anderen Anachronismus hin, nämlich den, dass die christlichen Kirchen allzu lange die Vorstellung eines „Gottes über oder außerhalb der Welt" propagierten, was die Mehrzahl der Gläubigen widerspruchslos akzeptierte. [49] Robinsons Ansatz, Gott nicht innerhalb oder außerhalb unserer raum-zeitlichen Wirklichkeit als vielmehr in der Tiefe der Existenz anwesend und erfahrbar anzusehen, bedeutet eine radikale Abkehr von allen seit biblischen Zeiten tradierten Vorstellungen von einem aus der irdischen Wirklichkeit ins Jenseits projizierten Gott. Robinson folgt da den Gedanken, die evangelische Theologen wie Paul Tillich, Dietrich Bonhoeffer und Rudolf Bultmann vor ihm in der Bemühung entwickelt haben, den christlichen Glauben im Sinne einer zeitgemäßen Welterfahrung zu interpretieren. Das war auch das Anliegen der Philosophie Pierre Teilhards de Chardin (1881–1955), der versuchte, Wissenschaft und religiösen Glauben miteinander zu versöhnen. Mitte des 20. Jahrhunderts forderte er als Paläontologe die in anderen Wissenschaften arbeitenden Kollegen auf, die Evolutionstheorie der Biologie auch in ihren Fachgebieten anzuwenden. Seine evolutive Weltschau ist auch als Versuch zu verstehen, das christliche Weltbild aus seiner jahrhundertealten Erstarrung auf eine moderne, zukunftsweisende Basis zu stellen. Teilhard hat die Schöpfung ja nicht als vollendet, sondern in kontinuierlicher Evolution zu einem endgültigen Ziel hin gesehen, das er als „Omega" bezeichnet, wobei für ihn, den tiefgläubigen Jesuiten und Naturwissenschaftler, das der als „Alpha und Omega" in der *Geheimen Offenbarung* bezeichnete Christus gewesen ist. Teilhards Ansichten stehen in klarem Kontrast zu biblischem Fundamentalismus und religiösem Kreationismus; auch die offizielle katholische Kirche sah in Teilhards evolutionärer Synthese eine Bedrohung der traditionellen Theologie, sodass ihm die Veröffentlichung seiner Schriften zu Lebzeiten vom Vatikan untersagt wurde.

Wer fürchtet sich vor der Evolution?

Es erhebt sich die Frage, was christliche Traditionalisten und Fundamentalisten jeglicher Prägung veranlasst, eine ablehnende Haltung gegenüber der Vorstellung einer sich in Evolution befindlichen Schöpfung einzunehmen. Das mag wohl damit zusammenhängen, dass der Begriff „Evolution" in sehr gegensätzlicher Weise interpretiert wurde und dadurch unterschiedliche Konnotationen erhalten hat, über die sich mehr oder minder „trefflich streiten" lässt. Dass sich eine bis heute andauernde Diskussion an der ursprünglich von Darwin als Erklärung für die Evolution ins Spiel gebrachte „natürlichen Selektion" entzündete, mag seinen Grund darin haben, dass man den rein deskriptiven Charakter dieses Begriffs übersah beziehungsweise übersehen wollte, ihn stattdessen zu einem ursächlichen Wirkungsprinzip hochstilisierte und damit die Negation einer transzendentalen Schöpfungsmacht begründen wollte.

Unter Evolution versteht man das heute im rationalen Diskurs unbestrittene, von Darwin und Wallace näher beschriebene Phänomen der Entstehung und Entwicklung der Arten von Lebewesen im Verlauf ihrer Stammesgeschichte, wobei verschiedene Theorien zur Erklärung dieses Prozesses aufgestellt wurden – diese steuerten erst die auf den Erkenntnissen des Brünner Augustiner-Chorherren Gregor Mendel aufbauende Vererbungslehre und später die moderne Genetik bei. So gesehen ist Evolution das Resultat einer intersubjektiv verifizierbaren Mustererkennung („pattern recognition") in einem auf natürlichen Grundlagen abgelaufenen Prozess, über dessen letzte Ursachen aber keine Aussagen gemacht werden können. Daher muss der Versuch der alleinigen Erklärung der Welt mithilfe des Evolutionsbegriffes als Ausdruck pseudoreligiöser Hybris gesehen werden, die glaubt, gefunden zu haben, „was die Welt im Innersten zusammenhält".

Für mich scheint die Synthetische Evolutionstheorie eine fundamentalistische Ersatzreligion zu sein, die jeden Glaubenszweifel überflüssig macht und daher auch gern von Wissenschaftlern akzeptiert wird, die zu bequem sind, sich über ihr eigenes Fachgebiet hinaus zu informieren. Die „Evolution" ist offenbar die neue Göttin des wissenschaftlichen Atheismus. Der Wiener Mathematiker Rudolf Taschner hat das einmal so ausgedrückt: „Es existiert kein Gott – und Richard Dawkins ist sein Prophet." [50] Besonders ärgerlich ist der Anspruch mancher Neodarwinisten, ein Monopol für die Erklärung aller Phänomene dieser Welt zu besitzen – sei es das Aussehen und die Form des Papageienschnabels oder gar das Sexualverhalten der Menschen. Meiner Ansicht nach hat das alles mit Wissenschaft wenig zu tun, denn Spekulationen über die Triebkraft der Evolution und ihrer Resultate mögen interessant sein und zu weiteren Spekulationen führen, doch als solche sind sie weder intersubjektiv überprüfbar, noch reproduzierbar und können daher gar nicht falsifizierbar sein: Die ewige Gültigkeit ist dadurch garantiert.

Von John Henry Newman zu Christoph Schönborn – die katholische Kirche auf dem Weg in den Niedergang

Evolution findet statt, daran kann kein Zweifel bestehen. Wer allerdings heutzutage unter dem Begriff Evolution nur das chaotische Walten des sinnlosen Zufalls verstehen will, wie es zum Beispiel Kardinal

Christoph Schönborn in seinem mit dem Wohlwollen Benedikts XVI. verfassten viel diskutierten Artikel in der *New York Times* zum Ausdruck bringt [51], hat sich noch nicht von der scheinbar biblisch motivierten Argumentation gegen das von Darwin begründete Gedankengebäude im 19. Jahrhundert entfernt. Es sei hierzu bemerkt, dass schon zu dieser Zeit Kardinal John Henry Newman (1801–1890) eine völlig andere Ansicht zur Theorie Darwins hatte, indem er feststellte: „The theory of Darwin, true or not, is not necessarily atheistic; on the contrary, it may simply be suggesting a larger idea of divine providence and skill." [52] Ist es nicht ein eigenartiger „Zufall", dass Kardinal Newman Ende September 2010 ausgerechnet von Benedikt XVI. seliggesprochen wurde – auf seiner Reise durch England, die unter wütenden Protesten von Richard Dawkins und seinen Anhängern stattfand? Das ist niemandem aufgefallen …

Was die Einstellung John Henry Newmans zur Evolution betrifft, so spricht aus ihr die Überzeugung, dass es unter der Annahme, dass Gott der Schöpfer aller Dinge sei, keine wie immer geartete wissenschaftliche Erkenntnis geben kann, aus der sich das Gegenteil ableiten ließe. Daher sei die Frage gestattet, welches Bild von Gott und seiner Allmacht wohl diejenigen haben, die sich veranlasst sehen, einzig und allein aus religiösen Motiven wissenschaftliche Theorien nicht nur infrage zu stellen, sondern sie auch noch mit primitiven Mitteln falsifizieren zu wollen. Eine zweite Frage drängt sich ebenfalls auf: Welches Motiv, welche Absicht, welche Geisteshaltung stand wohl hinter dem Bemühen der „Kirchenführung" unter Benedikt XVI., dem US-amerikanischen evangelikalen Fundamentalismus Argumentationshilfe zu geben, noch dazu mithilfe einer nachweisbar falschen Darstellung katholischer Glaubensaussagen. So schreibt Christoph Kardinal Schönborn in dem erwähnten Artikel in der *New York Times* unter anderem: „The Catholic Church, while leaving to science many details about the history of life on earth, proclaims that *by the light of reason the human intellect can readily and clearly discern purpose and design in the natural world, including the world of living things.*" Diese fragwürdige Feststellung lautet in offizieller deutscher Übersetzung der Katholischen Presseagentur Kathpress so: „Die katholische Kirche überlässt der Wissenschaft viele Details über die Geschichte des Lebens auf der Erde, aber sie verkündet zugleich, dass der menschliche Verstand im Licht der Vernunft leicht und klar Ziel und Plan in der natürlichen Welt, einschließlich der Welt des Lebendigen, erkennen kann." Wer gehofft hat, dass sich das Schönborn'sche Diktum als Übersetzungsfehler erweisen könnte, muss nun enttäuscht sein. Warum nur hat Schönborn keine näheren Quellenangaben zu seiner Aussage gemacht? Es wäre interessant, zu wissen, welche vatikanische Kongregation darüber wacht, welche Details über die Geschichte des Lebens auf der Erde nun der Wissenschaft überlassen werden und welche nicht.

Wesentlich mehr Bedeutung würde ich der Tatsache zumessen, dass dem Leserpublikum einer einflussreichen amerikanischen Tageszeitung, das wahrscheinlich in großer Zahl aus Nicht-Katholiken besteht, ein Glaubenssatz in einer Form präsentiert wird, in der er meiner Ansicht nach nicht verkündet wurde. Durch die Verwendung des Begriffs „light of reason" beziehungsweise „Licht der Vernunft" ist klar, dass Schönborn auf die Aussage des Ersten Vatikanischen Konzils anspielt, dass „Gott, der Ursprung und das Ziel aller Dinge, mit dem natürlichen Licht der menschlichen Vernunft aus den geschaffenen Dingen gewiss erkannt werden kann".

Mit der Feststellung, dass man Gott mithilfe der Vernunft aus der Welt erkennen kann, hat das Konzil die Ergebnisse einer jahrhundertelangen theologischen Diskussion über das *lumen rationis* als einen möglichen Weg zur Gotteserkenntnis übernommen. Das heißt aber auch, dass das Konzil dem Gläubigen die Gewissheit gibt, dass „der christliche Glaube nichts Unvernünftiges oder gar Widervernünftiges ist" [53] und auch nicht sein kann, denn der Gebrauch der Vernunft ist dem Menschen von Gott gegeben und muss Ihm gegenüber verantwortet werden. Nirgendwo in der Konzilserklärung ist die Rede davon, in welcher Weise die „geschaffenen Dinge" eine Erkenntnis Gottes auf rationale Weise ermöglichen. Die Aussage, dass „der menschliche Verstand im Licht der Vernunft leicht und klar Ziel und Plan in der natürlichen Welt" erkennen kann, ist eine Formulierung des Wiener Kardinals, die weder formal noch inhaltlich mit der Konzilserklärung übereinstimmt. Ich kann nicht umhin festzustellen, dass ich darin eine Diskreditierung des kirchlichen Lehramtes sehe, wenn durch derartige Aussagen aus kirchenpolitischen Gründen ein auf wissenschaftlichem Obskurantismus begründeter religiöser Fundamentalismus unterstützt wird.

Gedanken
zur Theodizee

Für uns sind die Leiden von Menschen in vergangenen Jahrhunderten, wie sie zum Beispiel von Barbara Tuchman in ihrem Buch „Der ferne Spiegel" [54] für das ausgehende Mittelalter beschrieben wurden, vielleicht wirklich nur ferne Erfahrungen, die deswegen keine nachhaltigen Auswirkungen auf das individuelle Weltverständnis haben. Man nimmt mit einigem Erstaunen zur Kenntnis, dass die Menschen nicht nur fähig waren, einander unsagbare Grausamkeiten zuzufügen, sondern bereit waren, ebensolche auch zu erdulden. Die Zunahme der Informationsdichte in den letzten Jahrzehnten des 20. und zu Beginn des 21. Jahrhunderts hat dazu geführt, dass sich jeder Einzelne von uns täglich der Tatsache des tausendfach grausamen Lebens, Tötens und Sterbens bewusst sein muss und diesem Bewusstsein auch nicht entrinnen kann. Das kollektive menschengewollte Sterben in Auschwitz, Stalingrad, Hiroshima und Nagasaki gleichwie das naturgewollte Verenden durch Tsunami und Erdbeben im Fernen Osten und in Haiti machen alles Reden von einem gottgewollten und gottgelenkten individuellen Schicksal fragwürdig, und es fällt einem schwer, daran zu glauben.

Mit anderen Worten: Die Existenz und die Auswirkungen des Bösen sowie die natürlichen Übel werden heute nicht mehr als kurzlebige Ereignisse quasi in der Privatsphäre erfahren, sondern sind Bestandteile eines ununterbrochenen globalen Bewusstseins geworden. In dieser Situation stellt sich die von Leibniz formulierte Menschheitsfrage der Rechtfertigung Gottes, das heißt der Theodizee, mit einer ungeheuren Eindringlichkeit, wobei immer deutlicher wird, dass weder Philosophie noch Religion eine schlüssige Antwort wissen und wohl auch nicht wissen können.

Theodizee und Eschatologie

Wenn man den Hinweis in der Bibel „Verkauft man nicht zwei Spatzen für ein paar Pfennig? Und doch fällt keiner von ihnen zur Erde ohne den Willen eures Vaters. Bei euch aber sind sogar die Haare auf dem Kopf alle gezählt. Fürchtet euch also nicht! Ihr seid mehr wert als viele Spatzen" [55] dahingehend interpretiert, dass sich die Fürsorge Gottes auf jeden einzelnen Akt eines Menschen und jede Begebenheit bezieht, mag das für die individuelle Lebensauffassung sehr trostvoll sein und zu einer gläubigen Akzeptanz des persönlichen Leidens – des eigenen und des der anderen – beitragen. In diese Richtung haben Theologen immer schon argumentiert. Ein Beispiel dafür ist die heute als eigenartig kühl und distanziert – „wie von ferne" – anmutende Erklärung von Karl Rahner und Herbert Vorgrimler zum Stichwort „Theodizee" im von ihnen verfassten „Kleinen Theologischen Wörterbuch": „Die Annahme der Theodizee ist letztlich eine Sache (...) der glaubenden Hoffnung, die sich von Gott erproben lassend, die Enthüllung des Sinns der Welt geduldig erwartet." [56] Mit viel mehr Emphase und, wenn man so will, mit eschatologischem Wagemut ist Romano Guardini an das Problem der Gottesgerechtigkeit herangegangen: Er konnte sich mit der Auffassung von einem „θεος δικαιος", einem „gerechten Gott", nicht abfinden und soll gesagt haben, dass er sich die Freiheit herausnehmen werde, beim Jüngsten Gericht, so er sich auf der Seite der Gerechten wiederfinden sollte, den Höchsten Richter zu fragen, was der Sinn des unsäglichen Leidens der Menschen gewesen sei. Im Gegensatz zur kühl abwägenden Haltung von Rahner und Vorgrimler spürt man bei Guardini doch eine tiefe existenzielle Betroffenheit, die in ihm den Wunsch weckt, von Gott die versprochene letzte Erkenntnis auch einzufordern.

Gottesbilder und Theodizee

Friedrich Heer schreibt in seinem Essay „Über Leid, Leiden, Schmerz": [57] „Ich spreche jetzt meine Überzeugung aus, damit meine ich meine rationale Überzeugung und meinen Glauben: Das Leiden des Menschen in der Welt allein verhindert jede Bemühung um eine Theodizee, jede Bemühung um eine Rechtfertigung Gottes, wie es ja Theologen immer wieder versucht haben. Ich halte Versuche einer Theodizee für obszön, für unfromm, übrigens mit Karl Barth. Die Märe, das heißt konkret: die Blutmäre, die Schandmäre, die Foltermäre, die Leidensmäre des Menschen, seine Geschichte also, sind mit menschlichen Begriffen von einer Gottheit in keiner Weise zu überdecken (...)." Friedrich Heer argumentiert also gegen den Versuch einer Theodizee damit, dass dieser wegen der Unvollkommenheit eines jeglichen von Menschen formulierten Gottesbildes unstatthaft und daher im höchsten Grade unmoralisch sei. Diese Haltung ist schon im Alten Testament zu finden: Jesaia überliefert die Mahnung Gottes an die Menschen: [58]

*"Ich bin der Herr und sonst niemand. Ich erschaffe das Licht und mache das Dunkel, ich bewirke das Heil und erschaffe das Unheil. Weh dem, der mit seinem Schöpfer rechtet, er, eine Scherbe unter irdenen Scherben. Sagt denn der Ton zu dem Töpfer: Was machst du mit mir? – und zu dem, der ihn verarbeitet: Du hast kein Geschick? Weh dem, der zum Vater sagt: Warum zeugtest du mich? –
und zur Mutter: Warum brachtest du mich zur Welt?
So spricht der Herr, der Heilige Israels und sein Schöpfer: Wollt ihr mir etwa Vorwürfe machen wegen meiner Kinder und Vorschriften über das Werk meiner Hände?"*

Das ist ein biblisches Bild Gottes, der dem Menschen das Fragen nach seiner Gerechtigkeit verbietet, das daher, wie Friedrich Heer bemerkt, als unmoralisch betrachtet werden muss. Reinhold Stecher sollte man dagegen für den so tröstlichen Hinweis danken, dass es gar nicht notwendig ist, mit Gott zu rechten, wenn man in sein individuelles Gottesbild auch den Aspekt des „Allerbarmers" einbezieht. Stecher schreibt am Ende seines Lebens besonders im Rückblick auf das unendliche menschliche Leid, das er im Zweiten Weltkrieg erleben und erfahren musste: „Aber ich bin durch die Jahrzehnte meines Berufes als Seelsorger immer tiefer in die Erfahrung eines unendlich barmherzigen Gottes hineingewachsen (…) und ich kann mir beim besten Willen keinen Gott vorstellen, der weniger mitleidig ist als ich." [59]
Zur Problematik des Zusammenhangs zwischen Gottesbild und Theodizee schreibt Heinrich Schmidinger: „Wenn in jedem Menschen Gott nahe sein soll, wenn sich die Gottebenbildlichkeit aus eben dieser kommunikativ-dialogischen Struktur menschlichen Seins ergibt, begegnet dann auch im Bösen, in den Tätern, Mördern und Henkern, Gott? Sind in anderen Worten auch diese Menschen (Ab)Bilder Gottes? Diese Frage wurde im 20. Jahrhundert vor allem von jüdischen Autoren und Autorinnen im Angesicht des Holocaust gestellt. In ihr ging es nicht mehr allein darum, wie ein guter, liebender und treuer Gott dieses unfassbare Geschehen habe zulassen und seinem Volk in dieser Not nicht habe beistehen können, sondern vielmehr darum, ob

der Mensch, das herausragende Geschöpf der Schöpfung, nicht eine Widerlegung Gottes, seines Urbildes, sei. Stand früher der Mensch auf dem Spiel, wenn Gott dessen (Ab)Bildlichkeit nicht garantierte, so steht und fällt jetzt der gute und weise Gott mit der Vertretbarkeit des Experiments ‚Mensch'. An der Glaubwürdigkeit des (Ab)Bildes entscheidet sich Wert und Sein des Urbildes." [60]

Das ist ein interessanter Denkansatz, der aber bei genauerer Analyse eine neue Auswegslosigkeit im Denken aufzeigt: Auch unter der Annahme, dass das „Experiment Mensch" gut ausgeht, die Entwicklung der Menschheit letztlich zum Besseren, wenn nicht bis zum Guten führt, kann doch die Tatsache, dass das abgrundtief Böse in der Menschheit einmal Realität, Wirklichkeit, Wirkmächtigkeit war, nie mehr aus der Welt geschafft werden. Es ist zwar verständlich, dass in der Diskussion um die Theodizee im Nachhang zu den Gräueltaten der Nationalsozialisten die Frage nach dem Bösen im Menschen und in der Welt, nach dem *malum morale*, wie es Augustinus definiert hat, im Vordergrund steht, doch darf man nicht vergessen, dass ein *malum physicum*, ein natürliches Übel, nämlich das Erd- und Seebeben von Lissabon im Jahr 1755, dessen Auswirkungen weltweit „registriert" wurden, die bis heute andauernde Diskussion ausgelöst hat.

Heilsgeschichte versus Erdgeschichte?

Manche Kirchenmänner scheinen zu meinen, dass die Frage nach der Theodizee leichter zu beantworten sei, wenn man dies nur im Zusammenhang mit dem *malum morale* tun und das Problem des *malum physicum* sozusagen ausblenden könnte. Ein Beispiel dafür bot Kardinal Christoph Schönborn, Erzbischof von Wien, als er im Dezember 2004 nach seiner Rückkehr aus dem Grauen eines von einem Seebeben ungeheuren Ausmaßes („Tsunami") zerstörten Teiles der Welt in einem Fernsehinterview auf die Frage von Armin Wolf, wie denn ein allgütiger Gott dieses Unheil und Leiden zulassen könnte, lapidar antwortete: „Was wollen Sie denn, das ist doch Erdgeschichte!" Mit Erstaunen musste man zur Kenntnis nehmen, dass der Kardinal offenbar der Ansicht war, dass die „Erdgeschichte" nicht dem Willen Gottes unterworfen und für die Frage nach der „Gottesgerechtigkeit" folglich irrelevant sei. Bleibt also nur die

„Heilsgeschichte" und der ihr zugrunde liegende Plan Gottes zum Heil der Menschheit, worüber man endlos philosophieren kann, ohne sich das Unvermögen eingestehen zu müssen, aus dieser Art theologischer Weltsicht eine gültige Antwort auf die Seinsfragen der Menschen geben zu können.

Natürlich ist es einfach, das Böse, das *malum morale,* und das daraus resultierende Leid durch die aus der Ursünde Adams entstandene Gottesferne als ureigene Schuld der Menschheit zu erklären (vgl. dazu [61]). Die Frage der Theodizee stellt sich ja gar nicht, da Gott dem Menschen die Freiheit lässt, sich gegen ihn zu versündigen. Dabei wird geflissentlich übersehen, dass auch das *malum physicum,* Tod und Verderben, Teil der Grundkonstitution des außerparadiesischen Lebensraumes ist, der Adam und seinen Nachkommen von Gott explizit zugewiesen wird mit den Worten:

„So ist verflucht der Ackerboden deinetwegen. /
Unter Mühsal wirst du von ihm essen /
alle Tage deines Lebens. Dornen und Disteln lässt er dir wachsen /
und die Pflanzen des Feldes musst du essen. Im Schweiße deines Angesichts /
sollst du dein Brot essen, /
bis du zurückkehrst zum Ackerboden; /
von ihm bist du ja genommen. /
Denn Staub bist du, zum Staub musst du zurück." [62]

Die Welt der Gottesferne hat ihre Entsprechung in der für den Menschen Verderben und letztlich Tod bringenden Natur. Geschichte und Geschichtlichkeit des Menschen kennen keine Dichotomie: Der Eintritt des Menschen in die „Erdgeschichte" ist mit seiner Heilsgeschichte verbunden. Bei Rahner und Vorgrimler ist zu lesen: „Heilsgeschichte ist nicht metahistorische Glaubenserfahrung, sondern der Profangeschichte koextensive Geschichte." [63] Vielleicht wird sich diese Ansicht einmal im Kardinalskollegium herumsprechen.

Erlöse uns von allem Übel ...

Durch Jahrhunderte hat daher die Kirche um Befreiung von „allem Übel" gebetet: *„Ab omni malo, libera nos Domine"* heißt es zum Beispiel in der Allerheiligenlitanei aus dem 7. Jahrhundert. *Ab omni malo* bedeutet aber *malum morale* und *malum physicum* gleichermaßen. Anscheinend ist die Negierung des *malum physicum* auch Resultat der immer stärker werdenden und – man hat den Eindruck – ausschließlichen Fokussierung der Theologie und Verkündigungspraxis der römischen Kirche auf das *malum morale* (vgl. dazu [64]). Warum nur musste die letzte Vaterunser-Bitte, die mir seit der Kindheit noch als „und erlöse uns von allem Übel" [65] im Ohr ist, durch „und erlöse uns von dem Bösen" ersetzt werden? Wer immer dafür verantwortlich ist oder war, kann sich nicht auf die Ökumene berufen, weil sowohl die frühere evangelische als auch die frühere alt-katholische Fassung mit der früheren katholischen Fassung identisch waren.

In diesem Zusammenhang soll nicht unerwähnt bleiben, dass die bekannte Aussage über den Zustand der Welt im 1. Johannesbrief [66] in der Übersetzung von Luther noch lautet: „(…) die Welt liegt im Argen", während die Einheitsübersetzung von der „Macht des Bösen" spricht. Was ist wohl der Grund, dass für die Übersetzung der in der Vulgata beziehungsweise Septuaginta verwendeten Ausdrücke „in maligno" (beziehungsweise „εν πονηρω") statt der weitergehenden Konnotation (mühselig, beschwerlich, schlimm) die engere moralisierende ([sittlich] schlecht, böse) gewählt wurde? Wer überall in der Welt die Macht der Finsternis sieht, ist von der dualistischen Weltanschauung des einst so heftig bekämpften Manichäismus nicht weit entfernt.

… in Ewigkeit – Amen!

Vor bald vierzig Jahren schrieb Joseph Ratzinger: „Erlösung ist ein Zentralwort des christlichen Glaubens; es ist auch eines seiner am meisten entleerten Wörter: Selbst Gläubigen fällt es schwer, dahinter noch eine Wirklichkeit zu entdecken." [67] Das ist nicht weiter verwunderlich, wenn man bedenkt, dass die Begriffe „Erlösung" beziehungsweise „Erlöser" in der Bibel insgesamt zwar 31 Mal, aber nur dreimal in den Evangelien vorkommen, und zwar ausschließlich bei Lukas; 28 Mal ist von Erlösung im „Alten Testament" und in den „Paulusbriefen" die Rede. Das ist verständlich, weil es Paulus darum zu tun war, das Schicksal Jesu im Hinblick auf die Messias-Erwartung der Juden spezifisch zu interpretieren. Die generelle Erlösungsmystik, die sich daraus entwickelt hat, ist rational nicht mehr nachvollziehbar. Es bleibt für unsere Überlegungen zur Bedeutung des Begriffes der „Erlösung" nur der Rekurs auf das Lukasevangelium, wobei eine Stelle besonders bedenkenswert ist, weil Erlösung im Zusammenhang mit den Letzten Dingen erwähnt wird: „Dann wird man den Menschensohn mit großer Macht und Herrlichkeit auf einer Wolke kommen sehen. Wenn (all) das beginnt, dann richtet euch auf, und erhebt eure Häupter; denn eure Erlösung ist nahe." [68] Hier könnte auch Hans Urs von Balthasar erwähnt werden, für den sich – obwohl ausgehend von einer heute für viele nicht mehr verständlichen christozentrischen Deutung der Erlösung – „die Konsequenz einer Neukonzeption der Bestimmung des Verhältnisses von Weltzeit und Ewigkeit ergibt. Diesem Aspekt kommt deshalb besondere Bedeutung zu, weil Ewigkeit nun nicht mehr als Erlösung aus der Welt und ihrer Zeit, sondern als Erlösung der Welt und so auch ihrer Zeit begriffen wird." [69] Vielleicht könnte man auch formulieren, dass die Welt von der Zeit erlöst wird oder dass wir imstande sind, „das Zeitliche zu segnen".

Der Tod Jesu war und ist in seiner ganzen, uns auch heute noch tief berührenden Grauenhaftigkeit ein Paradigma für das zeitliche Schicksal des Menschen, an der *Conditio humana* hat er nichts geändert. Auch nach zweitausend Jahren liegt die „Welt noch im Argen". Wir sind nicht erlöst. Den Spott Friedrich Nietzsches haben wir nicht verdient: „Bessere Lieder müssten sie mir singen, dass ich an ihren Erlöser glauben lerne: erlöster müssten mir seine Jünger aussehen!" [70] Die Erlösung ist erst nahe am Ende der Zeit – des Menschen und der Welt. Nach Hans Urs von Balthasar ist „der Tod das Ende des ganzen Menschen" [71] – des Leibes und der „Seele". Auch Jesus hat als Mensch nach seinem Tod nicht weitergelebt.

Coincidentia oppositorum – *die Lösung des Problems?*

Nach Romano Guardini ist „Der Tod (...) die uns zugewandte Seite jenes Ganzen, dessen andere Seite Auferstehung heißt". [72] Letztere ist die verheißene Erlösung, die wir in dieser Welt nicht erfahren. Weiterleben heißt, die Last der Endlichkeit zu tragen. Wir müssen lernen, mit den Dichotomien zu leben, die wir uns als Denkvereinfachung geschaffen haben. Deren gibt es viele: Gut und Böse, Leib und Seele, Zeit und Ewigkeit, Heils- und Erdgeschichte, Tod und Auferstehung …

Das Theodizee-Problem ist nach Norbert Hoerster unlösbar, weil die konstitutiven Annahmen logisch miteinander nicht vereinbar sind. [73] Heißt das, dass eine oder mehrere dieser Annahmen falsch sind, nur weil sie das logische Prinzip der Widerspruchsfreiheit verletzen? Nein, nicht einmal wenn es sich um rational begründbare Aussagen handeln würde, denn in den Naturwissenschaften ist das Prinzip der sogenannten „Widerspruchsfreiheit" auch nur mehr im makroskopischen Bereich, nicht aber im Quantenbereich gültig. Größere Widersprüche als die Äquivalenz von Masse und Energie oder der Dualismus von Welle und Teilchen gibt es wohl nicht. Das Prinzip der Widerspruchsfreiheit kann aber auch für die Wissenschaften vom Leben nicht zutreffen – denn Leben entzieht sich jeder Definition, weil es ein Widerspruch in sich ist; ein Widerspruch, der in der geistig-körperlichen Verfasstheit des Menschen seinen höchsten Ausdruck findet. Die Auflösung dieses Widerspruchs in die Widerspruchsfreiheit ist letztlich nichts anderes als der Tod des Individuums (vgl. [74]).

Für die Naturwissenschaft ist die Einsicht, dass das Paradigma der Widerspruchsfreiheit seine Allgemeingültigkeit verlieren muss, wenn es zur Erklärung der Wirklichkeit nicht mehr ausreicht, selbstverständlich geworden. Darüber hat man aber allzu leicht vergessen, dass schon Nikolaus von Kues (Cusanus) in der ersten Hälfte des 15. Jahrhunderts die Überwindung der Widerspruchsfreiheit durch das Prinzip der *Coincidentia oppositorum* in den Bereichen der Theologie, Philosophie und Politik anbahnte. Demnach muss – vereinfacht ausgedrückt – das, was der Verstand als Widerspruch registriert, nicht notwendigerweise unvernünftig sein. Etwas Absolutes oder Unendliches kann der Verstand nicht erfassen. Dennoch kann der Mensch den Begriff der Unendlichkeit entwickeln und sich dem Unendlichen geistig annähern. Dazu verhilft ihm eine besondere Fähigkeit, die Vernunft, durch sie gelangt er zum Begriff der Unendlichkeit und der unendlichen Einheit, in der die Gegensätze in eins zusammenfallen. Dieser Koinzidenzbegriff ist als Vernunftinhalt der Verstandestätigkeit unzugänglich; für den Verstand ist er paradox. [75]

Es mag in der philosophischen Diskussion hilfreich sein, zu wissen, dass sich der Mensch dem Unendlichen nähern kann, ein Ausbruch aus der existenziellen Not, dass der Mensch in der selbst erkannten Schizophrenie oder auch mit den geoffenbarten Paradoxien leben muss, wird dadurch nicht ermöglicht.

Der andere Baum des Paradieses – die letzte Hoffnung

Die Frucht vom Baum der Erkenntnis brachte nur die Erkenntnis, aber nicht die Einsicht in die Paradoxien des menschlichen Lebens: „Und Gott der Herr sprach: Siehe, Adam ist geworden wie unsereiner und weiß, was gut und böse ist." [76] Das heißt aber nichts anderes, als dass der Mensch die Fähigkeit, Gut und Böse zu unterscheiden, nur durch die Sünde gegen Gott erwerben konnte. Gibt es ein größeres Paradoxon? Der Zwang, im Bewusstsein der Endlichkeit und der Unvollkommenheit und in der Verzweiflung darüber verharren zu müssen, stellt eine existenzielle Notlage dar, auf welche die christliche Verkündigung keine Antwort weiß. Das zuzugeben würde den Vertretern des kirchlichen Lehramtes gut anstehen ...

Auch der biblische Schöpfungsmythos scheint – zumindest auf den ersten Blick – die Verheißung von Ewigkeit und ewigem Leben nicht zu kennen – ganz im Gegenteil: Zwar ließ „Gott der Herr aufwachsen aus der Erde allerlei Bäume (...) und den Baum des Lebens mitten im Garten und den Baum der Erkenntnis des Guten und Bösen" [77], doch vom Menschen wird verlangt, dass „er nicht ausstrecke seine Hand und breche auch von dem Baum des Lebens und esse und lebe ewiglich". [23] Und trotzdem existiert Hoffnung – allein schon dadurch, dass es die Kunde von der Existenz des Baums des Lebens gibt. Der biblische Schöpfungsbericht bezieht sich nicht auf ein punktuelles Ereignis, sondern man könnte sagen, er sei von wahrhaft „zeitloser Aktualität". Dazu Rahner/Vorgrimler: „,Jetzt' verweist in der Theologie nicht wie in der Philosophie der Zeit auf den einzelnen Zeitpunkt einer kontinuierlichen in ihren Momenten gleichwertigen Reihe, sondern auf eine religiöse Grunderfahrung." [78] Die ersten Verse der Bibel erzählen nicht von einem Geschehen am Anfang der Welt und des Weltalls, sondern vom ständigen Ereignis, dass Gott die Welt erschafft (zum Begriff der *creatio continua* vgl. [29]). Deswegen ist die

Kunde vom „Baum des Lebens" für alle Menschen zu allen Zeiten relevant. Daraus keimt Hoffnung, dass der Tod nicht nur das Ende, sondern auch die Überwindung allen menschlichen Seins ist, und dass das möglich wird, was in der Bibel als „Auferstehung" verkündet wird (Abbildung 2, S. 82): „Sucht nicht den Lebendigen unter den Toten!" (Lk 24, 4)

Was ist aus dem Antichrist geworden?

*Überlegungen zum Problem
von Zeit und Endzeit*

Bei einem Besuch im Kloster Simonos Petras auf dem Berg Athos (im August 2006 mit Erhard Busek und Nikos Evthymiades) zeigte uns der für unsere Betreuung im Kloster zuständige Mönch, ein gebürtiger Pariser, der sehr gut Englisch sprach und uns durch seine liebenswürdige Aufgeschlossenheit sowie die unprätentiöse Art seiner Erklärung der Klostergeschichte und des Mönchslebens beeindruckte, auch die Bibliothek des Klosters, die eine Vielzahl theologischer Werke nicht nur in griechischer Sprache enthält. Das erste Buch, das er durch „Zufall" aus einem der Schieberegale herausholte, war die deutsche Übersetzung von „Die Kurze Erzählung vom Antichrist" von Wladimir Solowjew. [80] Der russische Religionsphilosoph schildert darin seine beängstigende Vision vom Ende der Geschichte, da sich in einer von politischen Katastrophen unheilbar zerrütteten Welt ein der totalen Eigenliebe verfallener „Übermensch", der „Mensch der Zukunft", zum universellen Friedensbringer, zum Retter der Menschheit aufschwingt. Er lässt sich von den Massen zum „Weltenherrscher" küren, wobei er erkennt, dass er dafür nicht die Rolle des Antichristen spielen darf, sondern dass er der Antichrist sein muss.

Vom Berg Athos nach Wien zurückgekehrt, wollte ich nach langer Zeit Solowjews „Erzählung" wieder zur Hand nehmen, konnte sie aber nicht finden, da das Buch anscheinend aus meiner Bibliothek verschwunden war – offenbar genauso wie die Figur des Antichristen in den letzten fünfzig Jahren aus Verkündigung und theologischer Diskussion verschwunden ist.

In der Zeit nach 1945 waren Endzeitahnungen in den Menschen, die noch unter dem Eindruck der Schrecken des Weltkriegs und der Herrschaft des Nationalsozialismus standen und die die Unterdrückung der Freiheit durch den Kommunismus in den Nachbarländern als existenzielle Bedrohung empfanden, durchaus präsent. Deswegen hat Solowjews „Kurze Erzählung", auf die wir von Monsignore Karl Strobl [81], Hochschulseelsorger in Wien, aufmerksam gemacht worden waren, einen großen Eindruck gemacht. Karl Strobls theologisches Denken war sehr eschatologisch ausgerichtet und die Botschaft von der am Ende der Zeiten anbrechenden Gottesherrschaft spielte darin eine wesentliche Rolle. Das „Reich Gottes" war für ihn eine „Realutopie" in dem Sinn, dass er es für möglich und als Aufgabe der Kirche sogar geboten ansah, an der Gestaltung der Welt als Vorbereitung auf die kommende Gottesherrschaft mitzuwirken. Karl Strobl wurde nicht müde darauf hinzuweisen, dass dies in dauernder Auseinandersetzung mit den politischen Ideologien der Zeit zu erfolgen hätte, die als innerweltliche „Heilslehren" den Menschen das diesseitige Paradies versprachen; es bedarf nicht des Hinweises, dass weder der vulgäre Chiliasmus der Nationalsozialisten noch die Vision der Kommunisten von der klassenlosen Gesellschaft mehr erreicht haben als Ausbeutung und Tod von Millionen von Menschen.

Deswegen hat Karl Strobl von den Intellektuellen immer wieder die Fähigkeit zur „Unterscheidung der Geister" [82] eingefordert, um nicht der Verführung durch die falschen Prophezeiungen der Antichristen, die schon in der Welt sind, [83] zu erliegen und mitschuldig an ihren Untaten zu werden. Das war auch das Thema von so mancher Predigt von Otto Mauer [84], der im voll besetzten Dom zu St. Stephan mit Leidenschaft zur Wachsamkeit gegenüber „Menschheitsbeglückern" vom Schlage Hitlers oder Stalins aufrief, die er als Verkörperungen des Antichrist ansah. Otto Mauers Predigten [85] über das Herankommen des Reiches Gottes ließen dies als „Flucht"-Punkt der Perspektive eines christlich motivierten Lebens erkennen, den der Mensch am Ende der Zeit erreichen kann. Diese Hoffnung steht im großen Gegensatz zur letzten Hoffnungslosigkeit aller auf das Diesseits beschränkten „Ersatzreligionen".

Es ist verständlich, dass in Kriegs- und Nachkriegszeiten Tyrannen, Diktatoren und Massenmörder als Inkorporation des Antichrist gesehen und empfunden wurden – so wurde im Lauf der Zeiten der Antichrist nicht nur mit Hitler und Stalin, sondern etwa auch mit den römischen Kaisern Nero, Diokletian, Julian und Caligula gleichgesetzt [86] – doch scheint jegliches Scheitern einer innerweltlichen Tyrannis im Lauf der Geschichte gegen ihre eschatologische Dimension zu sprechen.

Es gilt zu bedenken, dass die christlichen Vorstellungen von einem Antichristus im Lauf der Jahrhunderte vielfältige Veränderungen erfahren hatten. Aus den Johannesbriefen ist zu schließen, dass derjenige als Antichrist anzusehen sei, „der den Vater und den Sohn leugnet. Wer den Sohn leugnet, hat auch den Vater nicht; wer den Sohn bekennt, der hat auch den Vater." [87] An anderer Stelle heißt es: „Kinder, es ist die letzte Stunde! Und wie ihr gehört habt, dass der Antichrist kommt, so sind nun schon viele Antichristen gekommen: Daran erkennen wir, dass die letzte Stunde da ist." [88] Die Figur des Antichristen steht in erster Linie nicht für einen kirchenfeindlichen politischen Machthaber, sondern eher für innerkirchliche Häretiker und Nihilisten, deren Auftreten in großer Zahl Zeugnis vom Leben in der Endzeit gibt. Es ist also nicht verwunderlich, dass im Streit zwischen der römischen und der griechischen Kirche die Päpste und byzantinischen Kaiser von ihren jeweiligen Gegnern als Antichristen bezeichnet wurden und in der Reformationszeit der Papst als Antichrist dargestellt und abgebildet wurde, während die Katholiken Martin Luther dafür hielten. [89] Diese „Tradition" lässt sich bis zum heutigen Tag verfolgen; allerdings hat die gegenwärtige Ökumene eine gewisse Verständigung zwischen den größeren christlichen Kirchen erreicht und von Zuweisungen des Antichrist-Typus an die jeweils andere Seite offiziell Abstand genommen. [90]

Darüber sollte aber keineswegs vergessen werden, dass bis in die jüngste Zeit der Antichrist doch immer wieder personifiziert und als singuläre Endzeitfigur eines Usurpators geistlicher Macht und Verfügungsgewalt gesehen wurde: Bei Solowjew ist es der „Übermensch", der sich zum Lenker der Christenheit erhebt, und ähnlich hat es wohl auch Reinhold Schneider interpretiert, der im Jahre 1939 folgendes Gedicht verfasste: [91]

Der Antichrist
Nach Luca Signorelli

Er wird sich kleiden in des Herrn Gestalt,
Und Seine heilige Sprache wird er sprechen
Und Seines Richteramtes sich erfrechen
Und übers Volk erlangen die Gewalt.

Und Priester werden, wenn sein Ruf erschallt,
Zu seinen Füßen ihr Gerät zerbrechen,
Die Künstler und die Weisen mit ihm zechen,
Um den sein Lob aus Künstlermunde hallt.

Und niemand ahnt, dass Satan aus ihm spricht
Und seines Tempels Wunderbau zum Preis
Die Seelen fordert, die er eingefangen;

Erst wenn er aufwärts fahren will ins Licht,
wird ihn der Blitzstrahl aus dem höchsten Kreis
Ins Dunkel schleudern, wo er ausgegangen.

Luca Signorelli [92] malt den Antichristus so (Abb. 3, S. 83), dass man aus Gewandung und Gestus zu schließen geneigt ist, es handle sich um Jesus bei der Bergpredigt. [93] Es ist offenbar eine Anspielung auf eine Stelle im Markusevangelium, die vor Christusimitatoren am Zeitenende warnt: „Wenn nun jemand zu jener Zeit zu euch sagen wird: ‚Siehe, hier ist der Christus! Sieh, da ist er!', so glaubt es nicht. Denn mancher falsche Christus und falsche Prophet wird sich erheben und Zeichen und Wunder tun, so dass sie auch die Auserwählten verführen würden, wäre es möglich". [94]

In welcher Zeit leben wir?

Zwei Gründe könnte es geben, dass uns Visionen über die Endzeit heute nicht so beeindrucken wie vergangene Generationen: Seit dem Ende des Zweiten Weltkriegs ist so viel Zeit vergangen, dass auf der „Insel der Seligen" das unmittelbare Erleben des Grauens, der Not, der Ausweglosigkeit, das Fehlen jeder Zukunftshoffnung – alles, was den Menschen den direkten Eindruck vermittelt, dass das Ende der Zeiten bevorstehen müsse – abhanden kam. Das grauenhafte Schicksal einzelner Individuen oder ganzer Völker außerhalb unseres Lebensraumes, wie es uns tagtäglich in immer größerer Informationsdichte vermittelt wird, kann zwar Reaktionen auslösen, die von überheblichem Desinteresse [95] über banale Mitleidsäußerungen und „akademische" Diskussionen über die Zustände anderswo bis zur echten Besorgnis über die Entwicklung der Welt reichen. All das ruft aber keineswegs das Gefühl einer existenziellen Bedrohung hervor ...

Weltzeit und Ewigkeit

Der zweite Grund, dass unserem Denken und Fühlen die eschatologische Dimension abhanden gekommen ist, könnte darin liegen, dass wir mit den antiken, biblischen oder mittelalterlichen Vorstellungen von Zeit und Ewigkeit nichts Rechtes mehr anfangen können. Wir leben in einer Raum/Zeit-Welt und auch ein Fortschreiben der Zeit bis ins Unendliche würde nicht die Qualität von „Ewigkeit" haben. Romano Guardini schreibt dazu: „Wer mit Ernst vom Ewigen redet, meint nicht das Immer-Weiter, ob das nun ein biologisches oder ein kulturelles oder ein kosmisches sei. Das Immer-Weiter ist die schlechte Ewigkeit; nein, es ist die Steigerung der Vergänglichkeit bis ins Unertragbare. Ewigkeit ist nicht ein quantitatives Mehr, und sei es unmessbar lang, sondern ein qualitativ Anderes, Freies, Unbedingtes." [96] Ägyptische Jenseitsvorstellungen oder der antike Götterhimmel fallen daher nicht in die Kategorie „Ewigkeit". Das gilt auch für „die kirchliche Überlieferung, die weitgehend den Spuren Platons folgend, den Tod als Übergang der Seele in ein Jenseits von Raum und Zeit, das aber durchaus in Analogie zum kosmischen Raum imaginiert wird, interpretiert hat. [97] John A. T. Robinson hat darauf hingewiesen, dass diese Interpretation unbefriedigend ist, weil auch die Vorstellung der Existenz Gottes „außerhalb der Welt" nur in Zusammenhang mit eben dieser „Welt" gedacht werden kann. [98] Theologische Konstrukte wie Vorhölle und Fegefeuer oder auch die Vorstellung von einer „leiblichen Aufnahme" in den „Himmel" sind daher unhaltbar geworden.

Die Frage, was vor der Zeit war und was nach der Zeit sein wird, ist in der Wirklichkeit der Raum/Zeit-Welt sinnlos – wie auch die Vorstellung der Erschaffung von Zeit und Raum aus dem Nichts theologisch gegenstandslos ist. [99] Mit anderen Worten: Eine Synthese der nebeneinander existierenden divergenten Vorstellungen von den „letzten Dingen", die den Einzelnen oder die ganze Welt betreffen, scheint nur möglich zu sein, wenn man annimmt, dass im Tod des Individuums das Ende der Welt „verwirklicht" wird. Wir können nur die Hoffnung auf eine größere, andere Wirklichkeit haben, die uns die jüdisch-christliche Offenbarung andeutet: Paulus von Tarsos spricht von dem, „was kein Auge gesehen und kein Ohr gehört hat und in keines Menschen Herz gekommen ist, was Gott bereitet hat denen, die ihn lieben". [100] Die Wirklichkeit eines „neuen Himmels und einer neuen Erde" [101] ist also weder mit den Sinnen noch in der Emotion und schon gar nicht rational erfassbar – nur mit der Hoffnung, dass Romano Guardini recht hat, wenn er sagt: „(…) das Ganze des Lebens (…) ist ein Vorlauf dessen, was die religiöse Sprache das Gericht nennt. ‚Gericht' bedeutet, dass die Dinge aus den Verschleierungen des Geredes, aus den Verwirrungen durch Lüge und Gewalt herausgenommen und in die reine, weder zu bestechende noch zu betrügende Wahrheitsmacht Gottes getragen werden." [102]

Lebendiges Leben –
ein Gedankenspiel

Was ist das – ein Lebewesen?

Wer über das Leben nachdenkt, spricht oder schreibt, hat die Schwierigkeit, nicht immer genau zu wissen und sagen zu können, was er eigentlich meint: Leben ist kein Begriff in dem Sinn, dass man es begreifen, erfassen und damit abgrenzen, das heißt „definieren" kann. Die Aussage, die man in einem weit verbreiteten Internet-Lexikon findet: „Leben ist der Zustand, den alle Lebewesen gemeinsam haben und der sie von unbelebter Materie unterscheidet", [103] ist so logisch wie sie „nichts sagend" ist.
Hatten die Naturphilosophen von der Antike bis in die Neuzeit die beim heutigen Wissensstand in der Biologie durchaus verständliche Schwierigkeit, eine Erklärung dafür zu finden, woraus das *Leben entsteht* – ob aus Wasser, Erde, Luft oder Feuer, so haben wir heute trotz oder besser gesagt wegen des ungeheuren Fortschritts der biologischen Wissenschaften und der Fülle der dabei erzielten Erkenntnisse die Schwierigkeit zu verstehen, wie vor mehr als drei Milliarden Jahren das *Leben entstanden ist*. Wir sind auf Annahmen angewiesen, dass in einer günstigen atmo- und geosphärischen Konstellation durch das Zusammenwirken von „Erde, Wasser, Luft und Feuer" aus unbelebter Materie „belebte Materie" entstehen konnte, das heißt Leben in Form von sich selbst erhaltenden und reproduzierenden einzelligen „Lebewesen". [104]
Die Unterscheidung von belebter und unbelebter Natur durch die Annahme einer „Beseelung" von Pflanze, Tier und Mensch, die auf Aristoteles und später Thomas von Aquin zurückgeht, oder einer *vis vitalis* in der neuzeitlichen Philosophie hilft nicht weiter, weil die Diskussion dadurch in den Bereich des „Metaphysischen" verschoben wird; daher kann die Verwendung derartig allgemeiner Begriffe wie „Seele" oder *vis vitalis* nichts zum Verständnis der Entstehung des Lebens in seinen vielfältigen und hoch komplexen Erscheinungsformen beitragen. Das soll aber über die Tatsache nicht hinwegtäuschen, dass auch die moderne Naturwissenschaft durch die Aufzählung von einigen wenigen für ein lebendes „System" konstitutiven Eigenschaften, wie Energie- und Stoffaustausch, Wachstum, Fortpflanzung, Reaktion auf Veränderungen der Umwelt sowie Möglichkeiten, sich über Kommunikationsprozesse zu koordinieren, nur ein sehr undifferenziertes Bild von einem

Lebewesen im Besonderen und vom Leben im Allgemeinen geben kann, denn einige Merkmale findet man auch bei technischen, physikalischen und chemischen Systemen, andere Merkmale sind nur den Lebewesen im althergebrachten Sinn zu eigen, wie zum Beispiel die Fähigkeit, sich selbst zu erhalten und zu reproduzieren. [103] Obwohl allen herkömmlichen Denkmustern widersprechend, ist die Annahme, dass es keine scharfe Grenze zwischen unbelebter und belebter Materie gibt, nicht von vornherein von der Hand zu weisen.

Der Mensch als Lebewesen

Die folgenden Überlegungen haben ausschließlich mit dem Leben des Menschen zu tun, wobei allerdings auch hier einige häufig problematisierte Grenzziehungen zu erörtern sind. Der Standardsatz der philosophischen Anthropologie „*Homo est animal rationale*" drückt aus, dass die beiden wichtigsten Attribute des Menschen die Animalität und die Rationalität sind, das Sein als Lebewesen und die Vernunftbegabung. Der Mensch ist demnach ein „Lebewesen", das sich von anderen Lebewesen zum Beispiel durch seine Vernunftbegabung unterscheidet (vgl. dazu [105]). Auch wenn man vom Menschen als von einem *zoon politikon* oder einem *zoon logon echon* redet, drückt das aus, dass sich bei gemeinsamer Animalität der Mensch doch sehr spezifisch von anderen Lebewesen unterscheidet.

Die Frage, ob diese als typisch menschlich geltenden Eigenschaften und Fähigkeiten, zu denen man unter anderen noch Bewusstseinsbildung oder künstlerische Ausdrucksfähigkeit zählen kann, „wesentlich" und daher für eine Definition des Begriffes „Mensch" ausreichend sind oder nicht, wird viel diskutiert. Sie betrifft nämlich das bioethisch relevante Problem, unter welchen Umständen ein Eingriff in die körperlich-geistige Integrität des menschlichen Lebens unbedingt notwendig, erlaubt oder strikt untersagt sei. Die rechte Antwort darauf zu finden, ist nicht leicht, da weder aus philosophisch-religiösen Anschauungen, noch aus empirisch-wissenschaftlichen Wahrnehmungen moralische Imperative oder gar Handlungsanleitungen für den Umgang mit menschlichem Leben abgeleitet werden können. Der Streit unter weltanschaulichen Fundamentalisten, ob der Mensch einzigartig unter allen Lebewesen dieser Erde wegen des schon in der befruchteten Eizelle vorhandenen „Seelenvermögens" oder doch nur ein durch die Evolution in seinem Genom leicht veränderter Schimpanse sei, ist wegen der Diskrepanz der Diskursebenen nicht lösbar. Oder anders ausgedrückt: Es gibt keine einzige wissenschaftliche Disziplin in der Gottes-, Human- und Naturwissenschaft, welche die alleinige Deutungshoheit über das „Menschliche" im Menschen für sich beanspruchen kann.

Leben – Anfang und Ende

In der seit Jahren geführten Diskussion um Themen der sogenannten „Bioethik" taucht immer wieder die Frage nach dem Beginn des menschlichen Lebens auf – und zwar nicht nur im Zusammenhang mit dem Problem der Abtreibung, sondern besonders auch im Hinblick auf die bei der In-vitro-Fertilisation *erzeugten* „überzähligen" menschlichen Embryonen, wobei sich zwei Extrempositionen skizzieren lassen. Auf der einen Seite wird jeder menschliche Embryo von der befruchteten Eizelle an als „embryonaler Mensch" betrachtet, der – mit einer unantastbaren Würde ausgestattet – in jeder Hinsicht schützenswert sei. Andererseits wird dem entgegengehalten, dass es sich bei Embryonen um einen wesenlosen „Zellhaufen" handle, dessen einziger Wert darin besteht, dass er unter Umständen für die medizinische Forschung nutzbar gemacht werden kann. [106] Es ist nicht möglich, von Menschenwürde zu sprechen, solange essentielle Merkmale der Persönlichkeit eines Menschen, die nach Peter R. Singer in „rationality, autonomy, and self-consciousness" [107] bestehen, nicht zumindest im Ansatz ausgemacht werden können. Um nicht missverstanden zu werden: Der Ansicht Singers kann man zustimmen, ohne dass man dadurch auch nur im Geringsten die darauf gründende fragwürdige utilitaristische Argumentation zur Rechtfertigung der Beendigung des Lebens von Ungeborenen übernimmt.

Das *Leben des Menschen,* seine Entstehung und Weitergabe setzt die Existenz *menschlichen Lebens* in Form von *lebenden menschlichen* Zellen voraus, das heißt Zellen, die für sich allein *lebensfähig* sein müssen, die *leben,* ohne eigentlich *lebendig* zu sein. Während man den Beginn des Lebens auf der Erde zu einer Zeit vor drei bis sieben Milliarden Jahren annehmen kann, ist es erst ungefähr 200.000 Jahre her, dass Lebewesen „auftraten", welche die Verhaltensmerkmale des „Homo sapiens" aufwiesen, deren Zellen aber noch immer die unverkennbaren Spuren der Entwicklung aus den einfachsten lebensfähigen Einzellern enthielten. Was die Entstehung des Lebens betrifft, sind wir auf Spekulationen, Vermutungen, Hypothesen angewiesen; was die Entwicklung und den Erhalt der Lebensfähigkeit betrifft, gibt es faszinierende wissenschaftliche Erkenntnisse, über die Gottfried Schatz in seinem Buch „Jenseits der Gene – Essays über unser Wesen, unsere Welt und unsere Träume" [26] berichtet.

Menschliches Leben hat Milliarden von lebendigen Menschen hervorgebracht und wird noch Milliarden von lebendigen Menschen hervorbringen, bis das Zusammenspiel von „Zufall und Notwendigkeit" [108] nicht mehr ausreicht, um unter gegebenen Umständen Leben und Lebendigkeit, das heißt insgesamt das *Überleben* des Menschen und alles *natürlichen Lebens* zu gewährleisten. Oder mit anderen Worten und etwas einfacher ausgedrückt: Ob die von der Sonne auf unseren Planeten eingestrahlte Energie nicht mehr ausreicht, um organisches Leben zu gewährleisten oder ob doch die stetige Zunahme der „Entropie" in unserem *Welten*raum [109] ein Ausmaß erreicht, dass dieser nicht mehr *Lebens*raum sein kann – unsere „Lebenswelt", die Erde, wird „wüst und leer" (Gen 1,2) sein. Das ist nicht der „Weltuntergang" oder das „Ende der Zeiten", denn die Welt in Raum und Zeit wird weiter bestehen. Es erhebt sich allerdings die Frage, ob die Raum/Zeit-Welt existiert, wenn niemand mehr Raum und Zeit wahrnimmt, denn wie Simon White einmal sagte: „Vielleicht ist die Welt nur so, weil wir sie uns so vorstellen." [110]

Leben – Zeugung und Erzeugung

Ich erinnere mich, dass Ulrich Körtner [111] einmal darauf hingewiesen hat, dass es durchaus im Einklang mit dem Schöpfungswillen Gottes sei, dass der Mensch die physiologischen Grundlagen der Zeugung entdecke und sie in verantwortungsvoller Weise für die Erzeugung embryonalen Lebens verwende (vgl. dazu [112]).

Zeugung und Erzeugung führen ohne Unterschied zu Leben, aus dem das Wesen „Mensch" entstehen kann. Mit anderen Worten: Die Ontogenese eines Menschen ist unabhängig davon, auf welche Art die „Verschmelzung" von zwei Keimzellen von verschiedenem Genotyp zustande gekommen ist. Auch wenn die Wissenschaft den Weg frei machen würde für therapeutisches und reproduktives Klonieren und somit für die Züchtung von Menschen zwecks Errichtung eines „Menschenparks", wie er Peter Sloterdijk vorschwebt, [113] bliebe uns die letzte Ursache der Ontogenese verborgen – weil der Versuch, in Geheimnisse vorzudringen, immer nur deren unendliche Tiefe offenbaren kann.

Was den verantwortungsvollen Umgang mit embryonalem menschlichem Leben betrifft, so befinden wir uns in einem Dilemma: Philosophisch-religiöse dualistische Auffassungen von der Existenz einer „Seele" vom Zeitpunkt der Befruchtung an sind letztlich nicht beweisbar und daher als Grundlage für ein totales Verbot der Forschung an embryonalen Stammzellen nicht brauchbar. Andererseits kann die Unzulänglichkeit materialistischer Erklärungsversuche für die Ontogenese eines Menschen nicht die vollständige Gleichgültigkeit gegenüber dem Umgang mit den bei der In-vitro-Fertilisierung entstehenden „überzähligen" Embryonen rechtfertigen. Ich habe diese Einstellung bei den Diskussionen in der Bioethikkommission, deren Mitglied ich eine Zeit lang war, vor allem bei den dem Zeitgeist verpflichteten, das heißt „fortschrittlichen" Theologen, Philosophen, Juristen, Wissenschaftstheoretikern und Biologen gefunden. Ich habe nicht verstanden, warum man es nicht akzeptieren konnte, dass gerade hinsichtlich der Forschung an menschlichen Embryonen eine große Scheu und Zurückhaltung angesichts deren unbestreitbarer Potenzialität angebracht wäre.

Das Festhalten an einer Dichotomie von Geist und Körper beziehungsweise Leib und Seele ist in mehrfacher Hinsicht äußerst fragwürdig: In der abendländischen Theologie hat die Übernahme des dualistischen Prinzips, das heißt die Annahme der Existenz einer „Seele", die sich nach dem Tod aus dem „Körper" löst, nicht nur zu abstrusen Vorstellungen über Fegefeuer, unbefleckte Empfängnis, Erbsünde etc. geführt, sondern auch den Einfluss der manichäischen Lehre vom ewigen Kampf des Guten gegen das Böse im Glaubens- und Weltverständnis der abendländischen Kirche perpetuiert. Nur allzu gern und allzu oft wurde die Sündhaftigkeit des Leibes gegen die Reinheit der Seele ausgespielt und deren Bewahrung durch „Seelsorge" zu einem hehren Prinzip erhoben. Der Gerechtigkeit halber

muss dazugesagt werden, dass sich die moderne Theologie gegen die platonische Lehre von der Seele wendet. Nach Karl Rahner ist „(…) in christlicher Lehre (...) die Seele (ein) Seinsprinzip, nicht ein für sich seiendes Selbständiges, das nur eine nachträgliche und für sie zufällige Einheit mit dem Materiellen eingegangen wäre". [114]
Eine geistig-materielle Einheit können wir also für jede Form des menschlichen Lebens, ob in rudimentärer oder reduzierter Form am Beginn oder in den „Stunden unseres Absterbens", annehmen: Im Stadium des Hirntodes reicht das Seinsprinzip nicht aus, um die Irreversibilität des Sterbens umzukehren; im Embryonalstadium reicht das Seinsprinzip nicht aus, um eine kontinuierliche, differenzierte Entwicklung zu einem lebendigen Menschen zu garantieren.

„Lebendiges Leben"

Mir scheint es notwendig, den Begriff der „Lebendigkeit" etwas näher zu betrachten: Lebendigkeit ist nicht etwas, das a priori jedes lebende Wesen auszeichnet, wie vorhin erörtert. Lebendigkeit kann verstanden werden als Resultat einer immer deutlicher werdenden Individualisierung des menschlichen Lebens, eines Prozesses, der zu einem erfüllten Leben *eines* Menschen führt. Es geht hier nicht nur um Lebensäußerungen, die man als „lebhaft" bezeichnen kann, sondern um die Fähigkeit, die geistige Umwelt zu rezipieren, zu „verinnerlichen", zur Lebensgestaltung umzuformen. Individualisierung würde daher auch die Menschwerdung im eigentlichen Sinn bedeuten, die Entstehung eines nicht in Soma und Psyche, nicht in Leib und Seele teilbaren Wesens (= Individuum), das erst durch den Tod als solches die irdisch-zeitliche Wirklichkeit verlässt. Der Tod des Menschen ist daher der Tod des ganzen Menschen, das heißt nicht nur der Tod des „Körpers", sondern auch der „Seele".
Ist Lebendigkeit die Resultante aus *Zufall und Notwendigkeit* [108] im Rahmen einer Entwicklung des Lebens im Lauf der Evolution? Wohl kaum, denn „in der Tat hat erst die Evolution den Tod geschaffen", wie Carl Friedrich von Weizsäcker einmal formulierte, denn „nach heutiger Erkenntnis beginnt die Evolution mit der Selbstvermehrung von Molekülen, die nur eine gewisse chemische Stabilität, aber keine Mittel der Selbsterhaltung haben. Erst in der Konkurrenz der Spezi-

es setzen sich hochdifferenzierte, selbsterhaltende Individuen durch. Erst diese können eigentlich sterben. Erst für sie ist der Tod ein Ereignis, weil sie darauf angelegt sind, sich gegen ihn zu wehren." [115] Das Ereignishafte des Todes im Leben wahrnehmen zu können, setzt aber höchste Lebendigkeit voraus ...

Leben und Tod

Ähnlich wie Weizsäcker sieht Ludwig von Bertalanffy [116] die Evolution im darwinistischen Sinn als Ursache des Todes an, da er ihn im Übergang vom Einzeller zum Vielzeller begründet sieht: „Das natürliche Ende des Einzellers ist nicht der Tod, sondern die Zweiteilung." Müssen wir also annehmen, dass Einzeller quasi „unsterblich" sind? Nein, denn wir haben heute gute Gründe anzunehmen, dass die Lebenszeit von Organismen, wenn schon nicht genetisch, dann jedenfalls stochastisch, das heißt durch voneinander unabhängige Zufallsereignisse, determiniert ist. Der Tod ist also das Resultat der Vulnerabilität des zellulären Lebens. Der Tod folgt aus der Tatsache, dass das Leben so ist, wie es ist – unabhängig davon, ob die Einsicht in die Vergänglichkeit und Endlichkeit gegeben ist.

Wahrscheinlich kann man das Leben nur vom Tod her definieren, denn vom Beginn, von der Entstehung des Lebens her, ist es nicht möglich. Der Prozess der Abiogenese, von manchen auch als „Chemische Evolution" bezeichnet, der vor mehr als drei Milliarden Jahren stattgefunden haben könnte, muss beginnend mit der Synthese organischer Verbindungen aus anorganischen über viele weitere Zwischen- und Vorstufen verlaufen sein, die man zwar nicht als Lebewesen, aber auch nicht als unbelebte Materie bezeichnen kann. Wir müssen uns damit abfinden, dass zum Wesen des Lebens – in jeglicher Form und Entwicklungsstufe – seine unausweichliche Vergänglichkeit und Endlichkeit gehört.

Zeitlebens (...)

Wir *leben* in der *Zeit* und wissen letztlich doch nicht, was *Zeit* und *Leben* sind, vielleicht weil wir Zeit und Leben niemals getrennt voneinander wahrnehmen können. Zeit und Leben sind *zeitlebens* so untrennbar miteinander verbunden, dass sie erst durch den Tod voneinander gelöst werden können, der es ermöglicht, das Zeitliche zu segnen. Unsere Vorstellung von Zeit wird umso inhaltsärmer, abstrakter und diffuser, je näher wir uns zum Beginn oder zum Ende des menschlichen Lebens – sei es des Individuums, sei es das der Menschheit – in Gedanken vortasten, weil wir nur in der Zeit leben können und daher ein Leben ohne Zeit jenseits, das heißt im Jenseits, aller Vorstellungen liegt.

Vom „ewigen" Leben

Wenn die Todesfähigkeit ein konstituierendes Element des Lebens ist, wird man sich der Frage nicht nur nach der *Möglichkeit*, sondern auch nach der *Wirklichkeit* eines Lebens nach dem Tod, des sogenannten „ewigen Lebens", stellen müssen. Wie verhalten sich Möglichkeit und Wirklichkeit zueinander? Könnte das Unmögliche jenseits von Zeit und Raum, das heißt jenseits des Vorstellbaren, zur Wirklichkeit werden? Die Möglichkeit des Welle-Teilchen-„Dualismus" im Mikrokosmos der Materie besteht nach bestimmten quantentheoretischen Überlegungen auch im Makrokosmos: Die Gleichzeitigkeit mehrerer und vielleicht sogar unendlich vieler Wirklichkeiten ist denkmöglich [117] – die *Ewigkeit* aber ist zeitlos und daher unvorstellbar. Doch „die Unendlichkeit und das Ewige sind das einzig Gewisse", sagt Sören Kierkegaard. In diesem Sinn kann man sich Leben, das nicht den Todeskeim in sich trägt, das vollkommene, „lebendige Leben" als „ewiges" Leben denken. Dass der Übergang vom irdischen in ein anderes Leben, in eine andere Wirklichkeit, nur über die Auferstehung dem Fleische nach vor sich gehen kann, entspricht den Denk- und Vorstellungsmöglichkeiten der Zeit vor zweitausend Jahren. Es ist hier nicht der Platz – und ich bin auch nicht dazu berufen –, das Geheimnis der Auferstehung als Weg zum „ewigen" Leben zu interpretieren. Franz Schubert, von dem Artur Schnabel sagte, dass „kein Komponist Gott näher ist (...)", hat in der „Messe in Es-Dur" im Credo die Auferstehung von den Toten nicht vertont, [118] wohl aber Sänger und Orchester in höchsten Jubel in Erwartung des „Lebens der kommenden Welt" (*Vita venturi saeculi*) ausbrechen lassen.

Weihnachten – Idylle, Irritation oder Hoffnung?

Weihnachtserlebnisse der anderen Art ...

Es mag kulturhistorisch interessant sein, der Frage nachzugehen, was Menschen veranlasst hat, aus Weihnachten das Fest eines besoffenen Rentierschlittenkutschers oder die Verherrlichung einer forstlichen Monokultur in Mitteleuropa zu machen. Ich verstehe die Leute, die einem immer wieder versichern, sich „heuer gar nicht weihnachtlich zu fühlen". Ich habe mich noch nie „weihnachtlich gefühlt" – weder als Kind, als wir im Jahr 1943 Weihnachten schon Mitte Dezember feierten, weil mein Vater wieder an die Front nach Russland zurück musste, noch später im Kreise der nach der österreichischen „Farbenlehre" geteilten Familie meines Vaters (ein Drittel rot, ein Drittel braun, ein Drittel schwarz), als die meisten bei der sogenannten „Bescherung" nur auf die Antwort auf die Frage warteten, ob die vom Vorjahr übriggebliebenen „Sternspucker" vielleicht doch noch zum „Spucken" gebracht werden könnten.

Ich erinnere mich auch, dass ich viele Jahre später während meiner Studentenzeit einige Tage vor dem 24. Dezember in das Studentenheim der Katholischen Hochschulgemeinde Wien in der Ebendorferstraße (von uns daher liebevoll „Ebendorf" genannt) ging, um einen Freund aufzusuchen. Ich traf ihn nicht an und wandte mich an einen zufällig vorbeikommenden Heimbewohner mit der Frage: „Weißt du, wo der B. ist?" Die Antwort „Die feiern alle Weihnachten" provozierte mich zur spontanen Gegenfrage: „Was feiern sie denn, wenn sie Weihnachten feiern?" Ich habe nie eine klare Antwort darauf bekommen ...

Zwanzig Jahre später kam ich in die Verlegenheit, bei sogenannten Weihnachtsfeiern in dem von mir geleiteten Institut eine Ansprache an die versammelten Mitarbeiter zu halten. Das war nicht ganz einfach, besonders nicht im Jahr 1984. Ich erinnere mich, dass ich in der Früh aus meinem Wohnhaus in der Berggasse ging und von der nahen Rossauerkaserne die Folgetonhörner des ausfahrenden Einsatzkommandos der Wiener Polizei hörte, das sich mit Stahlhelm und Knüppeln bewehrt aufmachte, die Besetzer der Hainburger Au zusammenzuschlagen. Es wird mir noch heute übel, wenn ich daran denke. Weihnachtlich haben wir uns alle nicht gefühlt ...

Und so ist es weitergegangen – noch einmal zwanzig Jahre, bis ich am 24. Dezember 2005 meiner Mutter – so wie fast alle Jahre vorher – das

Weihnachtsevangelium vorgelesen habe – mit dem einzigen Unterschied, dass ich es ihr ins Ohr sprechen musste, weil sie fast bewusstlos nach einem Schlaganfall in einem Krankenzimmer des Allgemeinen Krankenhauses in Wien lag. Als ich am Ende aufschaute, glaubte ich, ein glückliches Lächeln auf ihrem Gesicht zu erkennen. Da habe ich mich „weihnachtlich" gefühlt …

Weihnachten – nicht nur Idylle

Ich verstehe schon, dass es immer wieder Zeiten gegeben hat – und einige davon habe ich ja miterlebt –, in denen die Menschen für eine idyllische Darstellung von Weihnachten dankbar waren, wie auch immer sie durch Musik, Malerei und Dichtung vermittelt wurde – der Erfolg des Liedes „Stille Nacht, heilige Nacht" mag auch darauf zurückzuführen sein. In den Wirren der Zeit ist das Gefühl der heiteren, absichtslosen Betroffenheit eine Wohltat. Und auch mehr erdverbundene oder besser: erd- und himmelverbindende Fröhlichkeit sollte ihren Platz haben. Es gibt ein Weihnachtslied, das meine Mutter sehr geliebt hat: „Es hat sich halt eröffnet das himmlische Tor …" Der weitere Text ist eine sehr irdische Paraphrase auf den biblischen Bericht über das Erscheinen einer himmlischen Heerschar, wenn es heißt: „Es kugeln die Engelein ganz haufenweis hervor." Wer möchte es aber einer Frau, deren Jugend vom Ernst und der Schwere der katholischen Lebensauffassung ihrer Heimat Westfalen geprägt war, verdenken, dass sie in der Begegnung mit der Fröhlichkeit eines barocken Katholizismus große Erleichterung empfand und davon nicht genug bekommen konnte. Heute weiß und verstehe ich aber, dass ihr auch eine ganz andere Dimension von Weihnachten gewärtig war, wenn ich daran denke, wie oft sie das in ihrer Heimat wohlbekannte Advent- und Weihnachtslied „Tochter Zion freue dich" angestimmt hat und die ganze Familie in das Jubellied einstimmte: „Tochter Zion freue dich! Jauchze laut Jerusalem! Sieh, dein König kommt zu dir! Ja es kommt der Friedensfürst!" Davon wird noch zu reden sein …
Es ist den Malern und Krippenschnitzern von den Alpen bis zum Mittelmeer nicht zu verargen, dass sie das geheimnisvolle Geschehen von Weihnachten für ihre Um- und Lebenswelt vereinnahmten und es in den Mittelpunkt des Alltagsgeschehens stellten. Doch des-

sen allzu üppige Inszenierung in Kombination mit der Darstellung allerlei musizierenden und herumflatternden Engelvolks machte die zeitlos bittere Realität der Geburt im Stall zu einem unbedeutenden Detail. Nichts blieb mehr übrig von Einsamkeit, Kälte, Zweifel und Hoffnungslosigkeit. Spätestens beim Verzehr der Weihnachtsgans ist es mit dem „schlechten Gewissen" vorbei, das vielleicht die Worte im Prolog zum Johannes-Evangelium ausgelöst hatten: „Er kam in sein Eigentum, aber die Seinen nahmen ihn nicht auf." [119] Nichts kündete mehr von der irritierenden Einmaligkeit des Ereignisses: Es war unwirklich geworden, historisch gesehen eine „quantité négligeable", für den modernen Agnostizismus eine „vernachlässigbare Größe" in der „Weltformel" – man kann daher ruhig darüber hinweggehen. Oder doch nicht?

Weihnachten – eine Irritation?

Die „Weihnachtsgeschichte" hat nämlich eine mehrere Tausend Jahre alte Geschichte, und zwar die, dass es vor der endgültigen Fassung durch die biblische Offenbarung schon in der ägyptischen Mythologie mehrere Berichte über die Menschwerdung eines Gottes gegeben hat. Die Königin Hatschepsut (1479 bis 1458 v. Chr) machte ihren Anspruch auf den Pharaonenthron durch ihre Abstammung vom Gott Amun geltend. Auch Amenhotep (Amenophis) III. (1388 bis um 1351 v. Chr) behauptete, er sei der Sohn des Gottes Amun, gezeugt von ihm und geboren unter dem Schutz der Götter. Auf einer Reliefdarstellung im Tempel von Luxor sieht man Amun-Ra, der seine Absicht kundtut, einen neuen Pharao zu zeugen – schließlich galt der altägyptische Herrscher als Sohn Gottes. Die Wahl der Mutter des zukünftigen Königs fällt auf Mutemwija, die Gattin des amtierenden Pharaos. Thot, der Götterbote, verkündet Mutemwija, dass sie den Sohn Gottes und neuen Herrscher der Welt gebären wird. Das letzte Bild des Reliefs zeigt die Übergabe des Kindes an seinen göttlichen Vater Amun, der es anerkennt und aller Welt verkündet: „Er soll die segensreiche Herrschaft ausüben in diesem ganzen Land, er soll (…) regieren (...) ewiglich." [120]
Ungefähr 1.500 Jahre später erzählen uns die Evangelisten von der Verkündigung der Menschwerdung des Sohnes Gottes durch seinen

Boten Gabriel, von der Geburt des Kindes und seiner Darstellung im Tempel, das heißt der Übergabe in das Eigentum des göttlichen Vaters, der es vor aller Welt anerkennen wird mit den Worten: „Dieser ist mein geliebter Sohn, an dem ich Wohlgefallen gefunden habe" [121] von dem Jesaja prophezeite: „Denn uns ist ein Kind geboren, ein Sohn ist uns gegeben, und die Herrschaft ruht auf seiner Schulter; auf dass seine Herrschaft groß werde und des Friedens kein Ende (…) von nun an bis in Ewigkeit." [122]

Beim Vergleich der beiden „Weihnachtsgeschichten" wirken die formalen Entsprechungen zwischen dem biblischen Bericht und der weit älteren Überlieferung aus der ägyptischen Mythologie im ersten Augenblick sicher irritierend. Es gilt aber zu bedenken, dass es sich in beiden Fällen nicht um detailgetreue Schilderungen eines historischen Ereignisses handelt, sondern um „Herrschaftserzählungen", die trotz Beibehaltung derselben dramaturgischen Elemente letztlich grundverschiedene Inhalte zum Zwecke einer ganz gegensätzlichen Sinnstiftung vermitteln. Was für die Pharaonen noch zur Legitimation ihrer Herrschaft über die Menschen dienen sollte, wird in der Erzählung von der Menschenfreundlichkeit Gottes [123] zur Offenbarung einer neuen Wirklichkeit, zur Botschaft der Befreiung von allem Numinosen, von der Unberechenbarkeit opfergieriger Götter und der Unterdrückung durch die Hierarchien sowie letztlich und endgültig auch Befreiung von der Herrschaft des Menschen über seinesgleichen. Paulus von Tarsos geht noch weiter, wenn er meint: „Denn auch die Schöpfung wird frei werden von der Knechtschaft der Vergänglichkeit zu der herrlichen Freiheit der Kinder Gottes." [124]

Wem sich die Großartigkeit dieser Botschaft nicht erschließt, dem wird sie zur Irritation. Peter Pawlowsky hat in einem Gespräch darauf hingewiesen, dass es sich bei der „Weihnachtsgeschichte … um eine der großen Erzählungen der Menschheit handelt, wobei aber eine göttliche Menschwerdung als hilfloses Kind allen bis dahin bekannten Götter-Epiphanien widerspricht. Und sie ist auch heute für viele Christen schwer verständlich, die den eingreifenden *deus ex machina* vorziehen würden." Tatsächlich bieten die Begleitumstände der göttlichen Menschwerdung – Geburt im Stall, Verfolgung durch Herodes, Lebensgefahr und Flucht – in den Augen der Welt keinen Grund für allzu große Erwartungen für die Zukunft. Die grenzenlose

Verlassenheit in Leid und Tod wird der Schlusspunkt eines gescheiterten Lebens und lässt Realisten wie Skeptiker fragen: „Für was bist Du gekommen?" [128]

Weihnachten – Entscheidung für die Hoffnung

Wozu bist du gekommen? Diese Frage kann man auch aus den Gesichtern von Maria und Josef in einer Darstellung aus dem 14. Jahrhundert (Abbildung 4, S. 84) herauslesen. [125] Ob sie in dem von vielen als „finster" angesehenen Mittelalter oder heute in der Zeit der totalen Globalisierung gestellt wird: Die Frage ist „zeitlos", sie ist unabhängig von den zeitlichen Umständen, eine Herausforderung für kritische, zweifelnde, suchende Gläubige und Ungläubige. In einer von moderner Wissenschaft und Technik geprägten Welt gilt es, ein Paradigma für die Lösung der Sinnfrage zu finden. Die ägyptische Mythologie kann dazu nicht dienlich sein, vielleicht aber die Bildersprache der jahrtausendealten jüdisch-christlichen Religion, wenn es gelänge, sie ins Heute zu übertragen.

Ob zum Beispiel der „Stern von Betlehem" ein schnell verglühender Komet oder eine einmalige Planetenkonstellation war, ist dabei nicht von Belang. Der Stern von Bethlehem ist eine „Himmelserscheinung"; er kündigt nicht den „Weltuntergang" an, sondern das Kommen der „βασιλεία τῶν ουρανῶν", des „Reichs der Himmel". Der Stern von Bethlehem weist auf das Heil – er bleibt nicht über den Palästen der Mächtigen, sondern über den Hütten der Hilflosen. Aber nicht allen ist es gegeben, den Stern zu sehen – und doch gibt es Menschen, die sagen können: „Wir haben seinen Stern ... gesehen." Die Weisen, von denen Matthäus berichtet, sind ein Beispiel dafür. Am Ende ihrer Reise ahnen sie, was das eigentliche Ziel ihrer langen Wanderung ins Ungewisse war: die *Epiphanie*, das Hervorscheinen des göttlichen Lichts aus dem Unscheinbaren.

Die Erzählung von der Heiligen Nacht und von allem, was auf sie folgt, ist in ihrer historischen Dimension zweitausend Jahre später vielfach ausgelotet, in ihrer eschatologischen Dimension jedoch nur mehr wenig verstanden. Diese gilt es wieder zu entdecken. Es besteht die Hoffnung gegen alle Hoffnung, dass das Licht der Herrlichkeit nicht nur die Weihnachtsengel über dem Hirtenfeld umstrahlte, sondern dass die Weissagung des Jesaja über das „Neue Jerusalem" zutrifft: „Auf, werde licht ... denn dein Licht kommt, und die Herrlichkeit des Herrn geht auf über dir!" (Jesaja 60, 1). Es ist ein Wagnis, sich auf diese Hoffnung einzulassen, aber vielleicht die einzige Möglichkeit, einer Erkenntnis des Transzendentalen näherzukommen. Wer so die Endlichkeit des menschlichen Daseins als winzige Facette des menschlichen Soseins wahrnehmen kann, für den besteht Hoffnung – auf eine andere, unvergängliche Wirklichkeit.

Weihnachten –
eine „unendliche" Geschichte:
neu illustriert und kommentiert
in Briefen an meine Freunde

Auch wenn man in Weihnachten nur ein einmaliges historisches Ereignis sieht, gibt es nach all dem, was in der Bibel darüber berichtet wird, wenig Grund für fröhliches Feiern. Ich tat mir daher immer schon schwer, auf alle guten Wünsche, die mich zu Weihnachten aus dem Kreis meiner Freunde erreichten, mit den üblichen Weihnachtsbillets mit den in barocker Manier verfremdeten Darstellungen des Geschehens im Stall zu Betlehem zu antworten. Vor ein paar Jahren bin ich daher auf die Suche nach Bildern vom „wahren" Weihnachten gegangen, durch die ich meinen Wunsch nach „Frohen Weihnachten!" ausdrücken kann. Was ich dabei gefunden und vielleicht nicht nur für mich entdeckt habe, ist in den nachfolgend abgedruckten Weihnachtsbriefen enthalten, die ich in der Zeit zwischen 2007 und 2013 an meine Freunde geschrieben habe. Bei der Anordnung der Briefe folge ich der Chronologie der Ereignisse, über die in den Evangelien des Lukas und Matthäus berichtet wird – beginnend mit Mariä Heimsuchung bis zur Flucht nach Ägypten. Und damit beginnt eine „unendliche" Geschichte …

Abbildung 1
Max Weiler: Die in der Steinwelt wohnen II (Strukturen Rot auf Grau), 1957
Öl, Eitempera auf Leinwand, 197 x 205 cm

Abbildung 2
Meister von Mileseva: Beli Andjeo („Der weiße Engel"), um 1230
Ausschnitt aus dem Fresko „Die Frauen am Grab"
Klosterkirche von Milesava (Serbien)

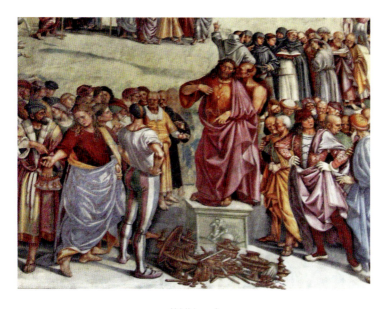

Abbildung 3
Luca Signorelli: „Predigt und Taten des Antichrist" (um 1500)
Fresko im Dom zu Orvieto, Kapelle von San Brizio

Abbildung 4
„Breviarium Romanum dominicale et feriale" (Handschrift, 14. Jhdt.)
Christi Geburt (Ausschnitt); Stiftsbibliothek St. Gallen

Abbildung 5
Unbekannter Meister: Heilige Maria, auf 1408 datiert
Türflügel der Filialkirche Irrsdorf

Abbildung 6
„Im Stall von Bethlehem" (12. Jhdt.)
Fresko in der Johanneskapelle in Pürgg

Abbildung 7
Joaquim Machado de Castro: Weihnachtskrippe (18. Jhdt.)
Basilika de Estrela, Lissabon

Abbildung 8
Schottenmeister: „Die Geburt Christi" (um 1470)
Museum im Schottenstift, Wien

Abbildung 9
Max Weiler: „Weihnachtsbild", 1933
Harzöl auf Sperrholz gebeizt, 40,3 x 40,3 cm

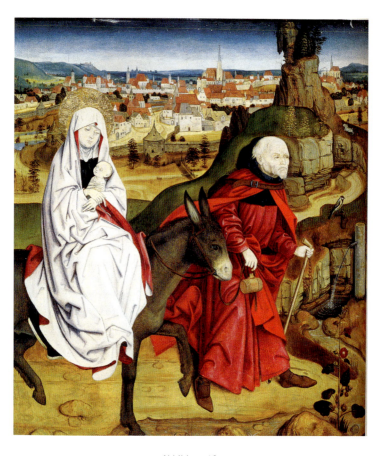

Abbildung 10
Schottenmeister: „Die Flucht nach Ägypten" (um 1470)
Museum im Schottenstift, Wien

Abbildung 11
Oskar Kokoschka: „Flucht nach Ägypten"
Kreide auf Papier, 1916

Abbildung 12
Ilse Küchler „Stern" (um 2003)
Acrylfarben auf Karton

Abbildung 13
„Anastasis"
Fresko, Chora-Kirche zu Konstantinopel

Abbildung 14
Herbert Boeckl: „Die Apokalypse" 1960–1962
Fresko in der Engelskapelle in Stift Seckau
Gesamtansicht der Nordwand

Abbildung 15
Herbert Boeckl: „Die Apokalypse" 1960–1962
Fresko in der Engelskapelle in Stift Seckau (Ausschnitt)
Ägyptische Schlangensymbole für Sünde, Sühne und Auferstehung, das „Amen"
bildet den Abschluss des Werkes.

Abbildung 16:
„Die Engel tragen den Himmel fort" (14. Jhdt.)
Ausschnitt aus dem Fresko „Apokalypse"
Chora-Kirche zu Konstantinopel

Weihnachtsbrief 2010
„Über die Wahrnehmung des Unfassbaren"

Liebe Freunde!

Auf meiner Suche nach Sinn und Sinn*bild* von Weihnachten habe ich ein solches heuer im Juli wiederentdeckt, die Darstellung der Begegnung Marias mit ihrer Cousine Elisabeth (Abbildung 5, S. 85). Das Gesicht der Frau, welche eben die Bestätigung einer ihr gemachten Vorhersage über ihre Zukunft hört, hat mich fasziniert. Wahrscheinlich ist es die der gotischen Kunst eigene Reduktion auf das Wesentliche, die uns die *Wahr*nehmung des Unfassbaren – Mythos oder Offenbarung – erlaubt, im Gegensatz zu den figurenreichen, verspielten und idealisierten Darstellungen, wie sie im Barock üblich geworden sind. In Marias Zügen ist kein Hinweis auf frohes Feiern gegeben, doch *sprechen* aus ihnen ernste Ruhe und wache Aufmerksamkeit gegenüber dem Kommenden. Weder Angst noch Furcht sind in diesem Bild, von dem ich hoffe, dass es unter jenen Bildern sein wird, die – immer wieder aus der Erinnerung auftauchend – unser Leben begleiten. Dann könnten es auch heuer im Jahr 2010 „Frohe Weihnachten" geworden sein …

Weihnachtsbrief 2011
„Weihnachten – Wirklichkeit und Illusion"

Liebe Freunde!

Auf der Suche nach der *Wirklichkeit von Weihnachten* sind mir im abgelaufenen Jahr merkwürdige und denkwürdige Bilder begegnet: Ende Mai fiel mir in der Johanneskapelle in Pürgg am Fuß des Grimming in der Steiermark eine Darstellung der Geburtsszene auf, in der eine sehr nachdenkliche und müde heilige Maria imponiert. Was gibt es hier schon zu feiern?

Dieselbe Frage habe ich mir allerdings auch kurze Zeit später in der Kathedrale von Lissabon angesichts des Kontrastprogramms einer spätbarocken Darstellung desselben Ereignisses gestellt.

Egon Friedell hat den Grund für die Flucht in ein barockes Lebensgefühl erkannt, wenn er schreibt: „Das Wesen der Barocke ist, kurz gesagt, die Alleinherrschaft des rechnenden, analysierenden, organisierenden Verstandes, der das aber nicht wahrhaben will und sich daher in tausend abenteuerliche Masken und künstliche Verkleidungen flüchtet; die klare, sichtende, überschauende Intelligenz, die sich, des trockenen Tones satt, einen wilden Formen- und Farbenrausch antrinkt; Rationalismus, der sich als bunteste, vielfältigste Sinnlichkeit kostümiert."

Zur Erkundung des Weihnachtsgeheimnisses könnte es förderlich sein, die Ausweglosigkeit der Illusion erkennend, gleichsam von Lissabon nach Pürgg zurückzukehren und aus der gefühlten Unmittelbarkeit die Hoffnung zu schöpfen auf eine am Ende doch Frohe Weihnacht!

Weihnachtsbrief 2008
„Über die Erfahrung einer anderen Wirklichkeit"

Liebe Freunde!

Das Jahr 2008 muss ein besonderes gewesen sein, wenn ich schon vor dem Heiligen Abend Zeit finde, über meinen Weihnachtsgruß an Euch nachzudenken. Wahrscheinlich hat das damit zu tun, dass sich nach meiner Emeritierung die Prioritäten einer *vita activa* doch in Richtung einer *vita contemplativa* verschieben. Ich muss das zur Kenntnis nehmen, gerade weil ich es früher stets abgelehnt habe, Weihnachten zu „feiern" und mich dabei in Beschaulichkeit zu üben. Die Weihnachtsgeschichte ist unzweifelhaft eine der großen Erzählungen der Menschheit, die für den, der sie nicht für wahr hält, keinen Anlass zum Feiern gibt, und auch in dem, der sich existenziell mit ihr auseinandersetzt, andere als feierliche Emotionen hervorruft, da ihr tiefes Geheimnis eher der Urgrund der Unruhe ist, von der Augustinus spricht („Unruhig ist mein Herz, bis es nicht ruht in Dir"). Und doch besteht die Hoffnung, wenn man die auf dem Bild „Geburt Christi" vom Schottenmeister dargestellten *dramatis personae* betrachtet, dass die Ruhe und Abgeklärtheit ihrer Gesichter (Abbildung 8, S. 88) die momentane Erfahrung einer anderen Wirklichkeit widerspiegelt. In diesem Sinne wünsche ich uns allen „Frohe Weihnachten"!

Weihnachtsbrief 2009
„Stille Nacht, heilige Nacht" – einmal anders gesehen

Liebe Freunde!

Auch heuer möchte ich auf Eure Weihnachtsgrüße und alle anderen Zeichen der Verbundenheit, die mich im Lauf des letzten Jahres erreicht haben und für die ich sehr dankbar bin, mit ein paar Gedanken, die mir wie jedes Jahr um diese Zeit durch den Kopf gingen, antworten. Ich habe zur Illustration das ungewöhnliche Weihnachtsbild, das Max Weiler 1933 gemalt hat (Abbildung 9, S. 89), ausgesucht.

Das Unkonventionelle des „Weihnachtsbildes 1933" besteht darin, dass es nicht wie tausend andere die Geburt im Stall zu Betlehem als das geschichtliche Ereignis der Inkarnation illustriert, sondern auf deren tiefere Bedeutung für den christlichen Glauben hinweist. Eine blau gewandete Frauengestalt, nach christlicher Ikonografie die Mutter Gottes Maria, zeigt auf ihren Sohn, dessen Herrschergeste ihn als Herrn der Schöpfung, als deren Ausgang und Ziel ausweist. Das ist – wie es Georg Braulik [126] in einer Predigt einmal ausdrückte – der „kosmische Aspekt" der Weihnachtsgeschichte: Und darin liegt ihr weltgeschichtlicher Sinn.

Der Zusammenhang der bildlichen Darstellung mit der traditionellen Überlieferung des Geschehens in der Heiligen Nacht wird deutlicher, wenn man den Spruch aus dem „Buch der Weisheit" (18, 14) nach Meister Eckhart auf der Rückseite des Bildes liest: „Als alle Dinge in *tiefem Schweigen* lagen, und die *Nacht* in der Mitte ihres Laufes war, da kam vom Himmel vom königlichen Throne Dein allmächtiges *Wort*." [127]

Das ist das, was sich in der „Stillen Nacht, heiligen Nacht" eigentlich zuträgt, und das im Prolog zum Johannesevangelium in sehr dichter Weise erörtert wird: „Am Anfang war das Wort, und das Wort war bei Gott, und Gott war das Wort (...) und das Wort ist Fleisch geworden ..." Weihnachten ist für mich die Überwindung eines altägyptischen Mythos, durch den die Menschwerdung eines Gottes zur politischen Repression der Untertanen des Pharao instrumentalisiert wurde. Um wie viel menschlicher ist das, was die biblischen Weihnachtserzählungen uns mitteilen können. Auch für den, der nicht an deren Offenbarungscharakter glaubt, wird darin eine evolutionäre Entwicklung eines menschlichen Weltbildes „offenbar", worüber wir nur froh sein können . In diesem Sinne wünsche ich „Frohe Weihnachten"!

Weihnachtsbrief 2007
„Auf dem Weg ins Ungewisse"

Liebe Freunde!

Für alle lieben Wünsche zu Weihnachten und zum Neuen Jahr, die mich auch heuer erreichten, möchte ich meinen Freunden, Bekannten und Kollegen herzlich danken, weil diese Zeichen der Verbundenheit für mich in dieser Zeit sehr viel bedeuten. Die oft geäußerte Hoffnung auf eine besinnliche Zeit hat mich bewogen, ein Bild eines unbekannten, wahrscheinlich aus den Niederlanden stammenden Künstlers für meine „Weihnachtsgrüße" auszuwählen (Abbildung 10, S. 90), weil es anregen kann, sich auf die „Zeitlosigkeit" der Weihnachtsbotschaft zu besinnen: Nicht ohne Absicht scheint mir das Ereignis der Flucht vor dem damals aktuellen Hintergrund des mittelalterlichen Wien stattzufinden.

Ich freue mich auf eine weitere Zusammenarbeit und ein paar schöne Stunden des Zusammenseins im kommenden Jahr und wünsche hiermit „Frohe Weihnachten".

Weihnachtsbrief 2012
„Wärst du doch geblieben, wo du warst!"

Liebe Freunde!

Auch heuer darf ich wieder ein paar Gedanken zum Sinn von Weihnachten äußern: Meine Weihnachtsgrüße im Jahr 2007 habe ich mit einem Bild des „Schottenmeisters" illustriert, der die Flucht nach Ägypten aus dem Wien des Jahres 1470 dargestellt hat; heuer möchte ich auf die andauernde Aktualität des „Weihnachtsgeschehens" mit einer Zeichnung von Oskar Kokoschka (Abbildung 11, S. 91) hinweisen, die mitten im Ersten Weltkrieg entstanden ist und auf der sich die Flucht nach Ägypten vor dem Hintergrund der Basilika von Mariazell abspielt.

Weihnachten kann verstörend wirken, besonders wenn man die Gesichter der dargestellten Personen betrachtet. Ist Weihnachten der Beginn des menschlichen Scheiterns, wie es Georg Kreisler in seiner Paraphrase auf die Epiphanie im Lied „Für was bist Du gekommen?" [128] verdeutlicht. Ich habe die Hoffnung nicht aufgegeben, dass wir auf diese Frage einmal eine Antwort bekommen – wenn nicht hier und jetzt, dann „nächstes Jahr in Jerusalem"! In diesem Sinne wie jedes Jahr: Frohe Weihnachten!

Weihnachtsbrief 2013
„Weihnachten – eine unendliche Geschichte"

Liebe Freunde!

Vor ein paar Jahren habe ich ein recht eigenartiges „Lied von der Heiligen Nacht" gehört – und das ging so: „In des Tages eitlem Wähnen / Bleibt ... ein einzig Sehnen / Das Sehnen hin / *Zur heil'gen Nacht* .../ O sink hernieder / Nacht der Liebe / Gib Vergessen / Dass ich lebe / Nimm mich auf / In deinem Schoß / Löse von der Welt mich los!" [129] Der Wunsch nach der unendlichen Nacht, die das Licht vergessen macht, steht in klarer Antithese zur Botschaft vom unendlichen Licht, das die Nacht vergessen macht, wovon im Prolog zum Johannesevangelium die Rede ist: „Im Anfang war das Wort (...) in ihm war das Leben und das Leben war das Licht der Menschen (...) Und das Licht leuchtet in der Finsternis (...)."

Der Stern, den Ilse Küchler vor Weihnachten 2003 gemalt hat (Abbildung 12, S. 92), symbolisiert in für mich in zutiefst ergreifender Weise die Hoffnung auf den Durchbruch des Lichts in dunkler Nacht. Es ist niemandem zu verdenken, dass er den Stern nicht sehen kann; manchmal ist er nur schwer auszumachen – und trotzdem gibt es immer wieder Menschen, die ihm in Vertrauen folgen: „Wir haben seinen Stern im Morgenland gesehen ..." Die Weisen, von denen Matthäus berichtet, haben keine Spuren in der Geschichte hinterlassen, wohl aber das, was sie am Ziel ihrer Reise erfahren haben: die *Epiphanie*, das Hervorscheinen des Lichts, nach der Weissagung des Jesaja: „Siehe, Finsternis bedeckt das Erdreich und Dunkel die Völker; aber über dir geht auf der Herr, und seine Herrlichkeit erscheint über dir!" (Jesaja 60,2)

Die Erzählung von der Heiligen Nacht ist wahrlich eine „unendliche Geschichte": Viel kommt darauf an, wie man sie erzählt – ob aus „Finsternis und Dunkel", aus der Erfahrung der existenziellen Ausweglosigkeit des menschlichen Lebens, oder aber aus der Hoffnung gegen alle Hoffnung. Ich bin dankbar, dass es auch diese Version gibt, entstanden aus jahrtausendealter Überlieferung – Mythos für den einen, Offenbarung für den anderen – die ewige Herrlichkeit und Freude verheißt und die der Grund dafür ist, dass wir einander wie jedes Jahr „Frohe Weihnachten!" wünschen dürfen.

Mythos und Offenbarung

„Mythen, die sich nicht vergegenwärtigen lassen, werden vergessen."
Michael Köhlmeier

„Die Offenbarung beginnt dort, wo die natürliche Religion versagt."
Kardinal John Henry Newman

Gernot Eder schreibt zum Thema „Monotheismus": „Wenn man von Gott sprechen will, so kommt nur absoluter Monotheismus in Frage. Nicht so wie im alten Ägypten eine Monolatrie (Eingottverehrung), sondern *ein* Gott für das ganze Universum. Jede Art von numinosem Überirdischem ist unzureichend. Außerdem ist es so, dass die Naturwissenschaft heute nur verträglich ist mit einem Monotheismus, der nur eine einzige Kraft zulässt seit 12 Milliarden Jahren, und im ganzen Universum; also immer und überall und ausschließlich." [10] Dagegen Heinrich Heine: „Die alten Götter sind nicht tot; sie sind unerschaffene, unsterbliche Wesen, die nach dem Siege Christi sich zurückziehen mussten in die unterirdische Verborgenheit." [130] Heine spielt dabei auf einen uralten christlichen Mythos an, nämlich den Abstieg Christi in das Reich des Todes vor seiner Auferstehung, der in der Ostkirche als Fahrt in das Reich des Hades und dessen endgültige Überwindung interpretiert wurde [131]. Nicht ganz im Sinne Heinrich Heines ist der Sieg Christi über die „alten heidnischen Götter" auf dem Fresko der „Anastasis" in der Chora-Kirche zu Konstantinopel dargestellt (Abbildung 13, S. 93). Am unteren Bildrand erkennt man den gefesselten Hades, der nicht den Eindruck eines der „Götter im Exil" macht, aus dem sie einmal wiederkehren könnten.

Wenn man Mythen als Verdichtung menschlicher Vorstellungen, Wünsche und Sehnsüchte, Spekulationen und Hoffnungen ansieht, die in den „Himmel" projiziert als virtuelle „Weltbilder" dienen können, das heißt als Idealvorstellungen von dem, was das Schicksal der Welt, der Natur und der Menschen bestimmt, [132] dann hat die griechische Götterwelt als Paradigma der Welterklärung längst versagt. Eine Wiedererstehung der letztlich absurden griechischen Götterwelt mit ihren ungöttlichen, weil menschlichen und wertfreien Handlungsschematismen – wie es vielleicht Heine vorschwebte – kann uns demnach nur als absurd erscheinen.

Michael Köhlmeier meinte einmal, dass die antike Götterwelt weitgehend frei von jeglicher Moral war. [133] Das Treiben am Olymp war im Wesentlichen durch die Jahrhunderte gleich, während das Zusammenleben der Menschen, das politische Gefüge, von immer deutlicher werdenden Moralvorstellungen bestimmt wurde. Kritik am Wahrheitsanspruch des Mythos gibt es seit der griechischen Aufklärung bei den Vorsokratikern. [134] Die Lehren des Sokrates mussten daher von den staatlichen Autoritäten zwangsläufig als staatsgefährdend empfunden werden; aus ihrer Sicht war die Anklage wegen Gotteslästerung und Verderbens der Jugend und in diesem Zusammenhang auch wegen des Missbrauchs seines Lehramtes durchaus gerechtfertigt. Mit der Welt der antiken Götter war also „kein Staat zu machen". Sie taugte vielleicht noch zur Etablierung der archaischen Tyrannis [135], aber nicht mehr als Paradigma für ordnungspolitische Vorstellungen, wie sie zum Beispiel der aus heutiger Sicht durchaus modern anmutenden Gesetzgebung Solons [136] zugrunde liegen.

„Evolution" des Geistes und Offenbarung

Woher nahmen die Menschen die Ideen zur Neugestaltung ihrer Welt? Der Götterbote Hermes hat nichts geoffenbart! Es muss also so etwas wie eine Evolution des menschlichen Geistes geben, deren Triebkraft wir nicht kennen. Wir können darüber nur spekulieren: Könnte es nicht sein, dass Evolution, wie John Henry Newman einmal meinte, einfach der Ausdruck einer höheren Idee vom Wirken der göttlichen Vorsehung sei („evolution may simply suggesting a larger idea of divine providence and skill"). [137]

Nach jüdisch-christlichem Verständnis ist die Offenbarung kein punktuelles Ereignis, sondern ein kontinuierlicher Prozess über die Jahrtausende. Gott hat von alters her durch die Propheten gesprochen – im Credo bekennen wir: „Qui locutus est per prophetas" –, aber auch mit Jesus von Nazareth ist die Offenbarung nicht abgeschlossen: „Ich habe euch noch viel zu sagen; aber ihr könnt es jetzt nicht ertragen. Wenn aber jener, der Geist der Wahrheit, kommen wird, wird er euch in alle Wahrheit leiten" [138] und er wird durch die Propheten reden, wie Paulus von Tarsos erklärt: „Über die Gaben des Geistes aber will ich euch, liebe Brüder, nicht in Unwissenheit lassen (…) Dem einen wird durch den Geist gegeben, von der Weisheit zu reden; dem andern wird gegeben, von der Erkenntnis zu reden, (…) einem andern prophetische Rede; einem andern die Gabe, die Geister zu unterscheiden (…)." [139] Daher die eindringliche Mahnung: [140] „Löscht den Geist nicht aus! Verachtet prophetisches Reden nicht! Prüft alles und behaltet das Gute!"

Reinhold Stecher schreibt in seinen Lebenserinnerungen, dass die Weisheitsbücher der Bibel „eine unbefangene Weite des Geistes repräsentieren. Sie nehmen die Überzeugung vorweg, dass der Geist des Herrn den Erdkreis erfüllt … Die Weisheitsbücher sammeln Erfahrungen der Menschheit und verbinden sie mit dem Walten des Geistes, mit dem unerschütterlichen Glauben an den Einen." [141]

Wenn Menschheitserfahrung in göttlicher Offenbarung ihren Ursprung hat, dann gilt das wohl für alle Zeiten, und daher ist Gernot Eder beizupflichten, dass „(…) kein Zeitpunkt angegeben werden kann, zu dem die Offenbarung Gottes abgeschlossen wäre. Im Gegenteil: Das letzte Jahrhundert hat ganz deutlich gezeigt, in welcher Fülle sich immer wieder Geheimnisse neu öffnen". [10] Es ist ein faszinierender Gedanke, dass sich Geheimnisse der Welt durch die Zeiten hindurch immer wieder von Neuem öffnen und immer mehr ihre unendliche Tiefe offenbaren und dass dies eigentlich nur durch den in „Evolution" begriffenen, das heißt durch den sich immer weiter entfaltenden Geist des Menschen möglich ist. „Sende aus Deinen Geist und Du wirst das Angesicht der Erde erneuern", heißt es in der Pfingstliturgie. Man muss nicht viele Worte darüber verlieren, dass der menschliche Geist nicht in allem die Wirkmächtigkeit des göttlichen Geistes repräsentiert und dass so manche „Begeisterung" nichts mit Menschlichkeit geschweige denn mit Göttlichkeit zu tun hat – sonst würde das Angesicht der Erde nicht bis zur Unkenntlichkeit entstellt sein.

Dennoch ist dieser göttliche Geist der Lebensatem der Menschheit durch die Jahrhunderte, es ist der Lebenshauch, der den Menschen nach biblischer Überlieferung gegeben wurde. „Er hauchte sie an und sprach: Empfanget den Heiligen Geist (…)" [142] – vor zweitausend Jahren und auch heute noch. Denn die Begeisterung, das heißt die

„Inspiration ist da", sagt der schottische Komponist James MacMillan. [143]. „Es hat nichts zu tun mit mir, es kommt anderswo her – aus Gott. Es ist wie Atmen. Die Christen haben für diese Art der Beseelung einen Begriff: den Heiligen Geist. Die Inspiration kommt von außen. Es ist eine Interaktion des Geistes mit dem Hier und Jetzt." [144] Es ist ein faszinierender Gedanke, dass Gott sich des Menschen bedient, um sich immer wieder zu offenbaren. Wer jemals Gustav Mahlers „Auferstehungssymphonie" mit dem ergreifenden Schlussgesang im 5. Satz gehört hat, wird seine Interpretation des Geheimnisses von Tod und Auferstehung nicht vergessen ...

Entmythologisierung – aber wie?

Von einer Aufführung von „Tristan und Isolde" bleibt dagegen der überwältigende Eindruck von Verzweiflung, Nacht und Tod. So endet Richard Wagners Versuch im Sinne Heinrich Heines, die heidnischen Götter wieder ins Leben zurückzurufen. Die Mythen der nordischen Völker, der Griechen und der Ägypter sind mit den Kulturen, die sie hervorgebracht und getragen haben, vergangen – der biblische Schöpfungsmythos ist geblieben. Warum? Weil er die jüdisch-christliche Religion am Leben erhalten hat oder weil der Glaube der Juden und Christen den Mythos am Leben erhalten hat?
Die Frage ist: Wie geschieht denn Offenbarung anders als durch oder in Bezug auf den Mythos? Manches, was wir als Glaubensgeheimnis ansehen, wie zum Beispiel die Geschehnisse um die Menschwerdung Gottes, hat eine Entsprechung in der ägyptischen Mythologie, wie auch die Verwendung von Brot und Wein als Symbole für Fleisch und Blut. Auch die Wanderung der „Seele" zum Totengericht, die Abwägung von Schuld und Sünde finden sich in der Mythologie des alten Ägypten. [145] Dazu gehört auch das Bild Gottes als Herrscher über Seraphim und Cherubim, [146] die als geflügelte Boten Gottes imaginierten Wesen, die ihren Ursprung als giftspeiende Schlangen beziehungsweise geflügelte Löwen in der Sagenwelt des alten Ägypten und Assyrien haben.
Fürwahr, „der Herrgott hat einen großen Tiergarten". Wenn dieser Spruch im Wienerischen auch eine etwas andere Bedeutung hat, so beschreibt er doch zutreffend eine christliche Vorstellungswelt,

in der auch die seit der Barockzeit beliebten Putti und geflügelten Engelsköpfe auftauchen, die unschwer als Nachkommen der geflügelten Eros- und Nike-Figuren der römischen und griechischen Mythologie zu erkennen sind. Daneben haben auch die unzähligen Heiligen ihren Platz in einem nicht näher definierten „Himmel", in den sogar eine „leibliche Aufnahme" möglich ist – wohl die größte Ungereimtheit, die je zu einem Dogma hochstilisiert wurde. Ganz mit Absicht verwende ich hier nicht das Wort „Absurdität", weil für mich der Satz „Credo quia absurdum est" [147] im höchsten Maß bedenkenswert ist.

Ich rede nicht einer totalen Entmythologisierung [148] das Wort, denn was wäre das Christentum ohne die großen Erzählungen von der Menschenfreundlichkeit Gottes? [149] Nichts anderes als eine antike Weisheitslehre, deren Kern („Ihr alle aber seid Brüder") gerade noch zur Pervertierung durch die Französische Revolution ausgereicht hätte. Nicht die großen Geschichten sind das Verstörende am Christentum sondern die vielen „G'schichterln", die als Ausdruck mittelalterlicher und barocker Volksfrömmigkeit bis heute tradiert werden und die einen verheerenden Eindruck auf die Außenrezeption christlicher Überzeugung gemacht haben und immer noch machen.

Wenn Entmythologisierung den Anspruch erhebt, eine in einem Mythos oder in mythischer Sprache tradierte Überlieferung auf ihren Wahrheitsgehalt zu untersuchen, dann muss dieser Versuch zum Scheitern verurteilt sein, da Mythen nicht Berichte über den Ablauf vergangener Ereignisse sein wollen, deren Einzelheiten im Prinzip überprüfbar wären. Mythen dienen der Verdeutlichung und Interpretation von Weltbildern in zeitgebundener Sprache und Redeweise. Entmythologisierung könnte also heißen: einen Mythos auf seine Aktualität in Bezug auf seine Wirkmächtigkeit hin zu überprüfen. Eine Überprüfung, der die Erzählung von der griechischen Götterwelt nicht standgehalten hätte, weil, wie Michael Köhlmeier bemerkte: „Die griechische Mythologie, eben weil sie weitgehend frei von Moral ist, ist statisch. Sie bringt nichts vorwärts. Die Menschenrechte wären in der Antike nicht einmal denkbar gewesen." Und was für die antiken Mythen gilt, das trifft auch – um im europäischen Raum zu bleiben – auf die nordischen und germanischen Mythen zu: Das Bild der Weltesche Yggdrasil lässt sich nicht mehr weiterentwickeln, und wie der Kampf des Gottes Thor mit der verderbenbringenden weltumschlingenden Midgardschlange letztlich ausgeht, werden wir nie erfahren …

Entmythologisierung könnte daher auch bedeuten, die Freiheit des Menschen wiederherzustellen. Wenn mythische Figuren und Handlungsabläufe zu übergeordneten Wirklichkeiten werden, deren Existenz man durch Opfer anerkennt und denen man sich eben dadurch unterwirft, bewirkt der Mythos, dass der Mensch Gefangener der eigenen Gedankenwelt wird.

Entmythologisierung könnte in diesem Sinne aber auch bedeuten, sich von der Herrschaft antiker und auch moderner Mythen zu lösen, wenn schon nicht zu befreien, von Mythen, die zu ausweglosen Schizophrenien in unserer Vorstellungswelt geführt haben. Ich meine damit nicht nur die von der griechischen Philosophie wesentlich geprägte Vorstellung von der Seele und ihrer Unsterblichkeit, sondern ganz besonders die aus dem persischen und spätantiken Dualismus stammenden Weltbilder vom immerwährenden Kampf des Lichtes gegen die Finsternis, des Guten gegen das Böse, des Geistes gegen das Fleisch. Sie suggerieren eine Zweiteilung der Wirklichkeit und beeinflussen – über Paulus und Augustinus bis in unsere Zeit – Theologie und Verkündigung in Bezug auf die Dreifaltigkeit Gottes, Prädestination, Erbsünde und Gnade, ohne eine eigentliche Begründung in den Evangelien zu haben. [150],[151] Ein erschreckendes Beispiel ist die Stelle aus dem 5. Kapitel des Briefs an die Galater, wo es heißt: „Die Werke des Fleisches sind deutlich erkennbar: Unzucht, Unsittlichkeit, ausschweifendes Leben, Götzendienst, Zauberei, Feindschaften, Streit, Eifersucht, Jähzorn, Eigennutz, Spaltungen, Parteiungen, Neid und Missgunst, Trink- und Essgelage und Ähnliches mehr. (…) Die Frucht des Geistes aber ist Liebe, Freude, Friede, Langmut, Freundlichkeit, Güte, Treue, Sanftmut und Selbstbeherrschung (…)."

Es muss wohl nicht besonders darauf hingewiesen werden, welche üblen Folgen für das christliche Menschenbild die Gleichsetzung von Geist mit Gut und Fleisch mit Böse gehabt hat und noch immer hat. Der Kulturhistoriker Friedrich Heer konstatierte in seinem erstmals 1968 erschienenen Buch „Gottes erste Liebe" die Geschlechtsfurcht als ein Merkmal des Augustinismus und stellt dabei fest: „Der latente

Manichäismus ist die Krebskrankheit der Christenheit." [152] Wie weit die Furcht vor der Sexualität die kirchliche Lehre auch heute noch bestimmt, zeigt die Enzyklika „Deus caritas est", in der Papst Benedikt XVI. über die verschiedenen Formen der „Liebe" philosophiert und dabei wiederholt feststellt, dass sich die Liebe zwischen den Geschlechtern nur in Form des gereinigten (!) und gezüchtigten (!) Eros abspielen soll. [153]

Der evangelische Theologe Rudolf Bultmann, der den Begriff der Entmythologisierung prägte, sah ein Problem darin, dass die mythischen Denk- und Sprachformen von den Menschen der Moderne nicht mehr verstanden würden. Doch mit einer Modernisierung der Denk- und Sprachformen ist es nicht getan. Gottfried Schatz [154] hat vor Kurzem nachdrücklich darauf hingewiesen, welch besorgniserregende Entwicklung die Sprache in manchen Disziplinen der modernen Naturwissenschaften hin zu einer weitestgehenden Unverständlichkeit macht. [155] Die Erkenntnisse aus Kosmologie, Astro-, Kern- und Teilchenphysik können nur mehr in Zirkeln von wenigen „Eingeweihten" kommuniziert werden, und es stellt sich die Frage, ob nicht hier die Mythen einer neuen Gnosis entstehen, die sich hinter einer auch nicht gerade verständlichen Bildersprache vom „Urknall" und von „Schwarzen Löchern" verbergen.

Es ist vielleicht nicht so sehr die Sprach- und Denkweise der Alten, die uns fremd geworden ist, sondern vielmehr die zeitgemäße Begrenztheit ihrer Vorstellungswelt. Dass Naturvölker Berge zum Sitz ihrer Götter auserkoren hatten, ist uns aus der Beschränktheit ihres Weltbildes erklärlich. Bei den Griechen fand dann die Erweiterung des Aufenthaltsraumes der Götter unter Beibehaltung des irdischen Göttersitzes am Olymp in einen im Wortsinn „überirdischen" Bereich statt, den die jüdisch-christliche Tradition zum „Himmel" erweiterte. „Aufgefahren in den Himmel (...)" heißt es noch heute, obwohl es einen Himmel, in den man „auffahren" kann, nicht gibt und nicht geben kann. „Mein Reich ist nicht *von* dieser Welt" – alle Versuche, es zu lokalisieren, sind vergebens. Der „Himmel" ist vergänglicher Mythos – „Und ich sah einen neuen Himmel und eine neue Erde; denn der erste Himmel und die erste Erde sind vergangen (...)." [156] Was bleibt, ist das „Reich Gottes" – die Offenbarung einer anderen Wirklichkeit.

Aus Mythos wird Offenbarung

Sir Jonathan Sacks, Oberrabbiner von Großbritannien von 1991 bis 2013, schreibt in einem Kommentar zur Erzählung von der Sintflut im Gilgamesch-Epos im Vergleich zum viel jüngeren Bericht in der Genesis, [157] dass es sich bei der biblischen Erzählung keinesfalls um die formale Übernahme eines Textes aus älteren mesopotamischen Quellen, sondern vielmehr um eine inhaltlich vollkommen andersartige Version handelt: „Hinter beiden Geschichten steht zweifellos ein Kernereignis, eine große Flut, die zum mündlichen Überlieferungsbestand aller Menschen dieser Gegend gehört. Die alten Texte, die Geschichten von der Flut erzählen, berichten im Wesentlichen von den ungeheuren Naturgewalten, die von Göttern gelenkt werden, welche den Menschen nicht besonders wohlgesonnen sind, und für die das Prinzip ‚Macht geht vor Recht' gilt. Nun kommt die Bibel und erzählt diese Geschichte noch einmal, aber auf einzigartige Weise – Gott schickt die Flut, weil die Welt voller Gewalt war – was zur Folge hat, dass die Geschichte moralisiert wird. Genau das ist Teil des biblischen Programms: Es bedeutet einen radikalen Sprung vom Polytheismus zum Monotheismus – von einer Welt, in der die Menschen Macht verehrten, hin zum Beharren der Bibel darauf, dass Macht gerecht und manchmal barmherzig sein muss; von einer Welt, in der es viele Mächte, viele Götter gibt, die sich gegenseitig bekämpfen, hin zu dieser Welt, in der das gesamte Universum Ergebnis eines einzigen (...) Schöpferwillens ist." [158]

Die kulturgeschichtlich bedeutsame Entwicklung vom Polytheismus zum Monotheismus lässt sich auch bei einer anderen Menschheitserzählung feststellen, nämlich bei der „Weihnachtsgeschichte", denn lange vor der biblischen Geschichte gab es in der ägyptischen Mythologie mehrere Berichte über die Menschwerdung eines Gottes. Obwohl es formale Entsprechungen zwischen der ägyptischen und der biblischen Überlieferung gibt (s. S. 74–75), sind sie inhaltlich grundverschieden, da die Geburtserzählung in der Bibel nicht die Ankunft eines göttlichen Herrschers über die Menschen, sondern die von deren göttlichen Erlöser ankündigt.

Es hat den Anschein, dass die großen Erzählungen von der Schöpfung, von der großen Flut und von der Menschwerdung Gottes erst in der Bibel zu Ende erzählt werden; das heißt, dass sie zwar nicht ihre endgültige Form, wohl aber ihre endgültige Aussage gefunden haben. Für den, der glaubt, dass die Entwicklung der Menschheitsgeschichte vom Polytheismus zum Monotheismus nicht umkehrbar ist, sind aus Mythen Offenbarung geworden.

Herbert Boeckl hat das Ineinanderfließen von Mythos und Offenbarung gespürt. Den Eindruck, den die ägyptische Mythologie auf ihn gemacht hat, setzt er in seinem Fresko „Apokalypse" an den Wänden der Engelskapelle in der Abtei Seckau in Zeichen und Bilder um (Abbildungen 14 und 15, S. 94 und 95).[159] Aber so ausdrucksvoll und ergreifend das gesamte Freskenwerk auch ist, die dargestellten Szenen bleiben einer Symbolik verhaftet, die sich uns nicht leicht erschließt. Vielleicht sollte man sagen: noch nicht erschließt, denn der Zeitpunkt, an dem Offenbarung nicht mehr geheim sein wird, ist noch nicht gekommen.

Wider die Zweiteilung der Wirklichkeit

> „(…) ist auch dem griechischen Denken eine Verdoppelung der Welt charakteristisch, die automatisch zu einer absurden Metaphysik führt."
> Gernot Eder, „Mein Theologisches Testament"

Im Kapitel „Lebendiges Leben – ein Gedankenspiel" (s. S. 61) habe ich die Schwierigkeit erwähnt, zu einer akzeptablen Definition von „Leben" zu kommen, wenn die Finalität allen Lebens auf Sterben und Tod unberücksichtigt bleibt. Wenn also das unweigerliche Sterben-Müssen, das heißt der Tod, dem wir uns nicht verweigern können, die Vorbedingung für das Leben ist, ergibt sich der trivial anmutende Schluss, dass „Leben und Tod" Antinomien sind, die in der von uns erfahrbaren Wirklichkeit aber nur in einem Verhältnis der gegenseitigen Abhängigkeit voneinander begriffen werden können.

Gut und Böse

Das gilt „natürlich" – in der von uns erfahrbaren Natur – auch für das Begriffspaar „Gut und Böse". Moralische Vorstellungen und Wertungen können erst entstehen, wenn die Komplementarität von Gut und Böse erkannt wird. Mit anderen Worten: Das Gute und das Böse existieren nicht „an sich", der Mensch ist nicht an sich gut und auch nicht an sich böse. Die oft gestellte Frage „Wie kommt das Böse in die Welt?" müsste eigentlich die Gegenfrage „Wie kommt das Gute in die Welt?" provozieren, doch diese wird nicht gestellt. Das ist einigermaßen verwunderlich. Ist es denn eine ausgemachte Sache, dass der Mensch von Natur aus gut ist, weil man einige dem Menschen zugeschriebene Verhaltensweisen auch bei Schimpansen findet?
Wenn Konrad Lorenz meint, dass das „sogenannte Böse" nur eine von den „anthropoiden Ahnen ererbte Verhaltensweise" sei, dann muss das auch für das „sogenannte Gute" gelten – was immer das auch ist. Dass der Mensch auch von vererbten Verhaltensweisen bestimmt wird, daran wird niemand zweifeln – entscheidend für das Menschsein sind aber Verhaltensweisen, die nicht von den anthropoiden Vorfahren vererbt wurden: Erst der Homo sapiens nimmt das Ereignishafte des Todes wahr und bestattet die toten „Artgenossen".

Licht und Finsternis

Der Frage nach der Art und Weise, in der das „Gute" und das „Böse" jeweils „in die Welt kommen", wirft die weitere Frage auf, ob Gut und Böse von „außerhalb" der Welt stammen oder ob sie „in der Welt" entstehen. Die Antworten, die uns angeboten werden, sind unbefriedigend, besonders wenn sie darauf hinauslaufen, dass der Kampf zwischen Gut und Böse beziehungsweise Licht und Finsternis, der das Schicksal der Welt auf ewig bestimmt, zu einem Wissen *a priori* gehört.

In seinem Buch „Jesus" beschäftigt sich Hans Küng mit der Frage, ob das Christentum von den Aussagen seines Stifters her eine dualistische Welt- und Wirklichkeitsauffassung rechtfertigen würde. [160] Küng beschreibt eingehend die Dominanz dualistischer Sichtweisen in der Theologie der Gemeinschaft von Qumran, meint aber, dass diese nicht alttestamentlich begründet sei, sondern vom persischen Dualismus herrühre, der bekanntlich durch den ewigen Kampf zwischen Licht und Finsternis, zwischen Gut und Böse gekennzeichnet ist. Küng stellt dezidiert fest: „Jesus aber kennt keinen solchen Dualismus: auch nicht nach dem Johannesevangelium, wo die Antithese zwischen Licht und Finsternis eine große Rolle spielt."

Es ist nicht nur die Antithese von Licht und Finsternis, die im Christentum eine verwirrende Rolle spielt, sondern auch die Antithese von Gott, als dem Herrn des Himmels, und Satan, dem Fürsten dieser Welt. Bei der Erschaffung der Welt ist dieser nicht zugegen, sonst könnte es nicht heißen: „Und Gott sah alles an, was er gemacht hatte; und siehe da, es war sehr gut." [161] Hat Gott dabei die Schlange übersehen? Ich weiß schon, dass der biblische Schöpfungsbericht nicht den Ablauf eines historischen Geschehens wiedergibt, sondern mit der Bildersprache der Zeit zu seiner Entstehung eine Botschaft vermitteln will. Fragt sich nur – welche?

Die Schlange symbolisiert ja nicht das Böse an sich, sondern nur den Versuch, die Versuchung des Menschen, zu höherer Erkenntnis zu kommen. Diese allerdings ist furchtbar: Es ist das Bild Gottes, das der Deuterojesaja so beschreibt: „Ich bin der Herr und sonst keiner mehr (...) der ich Frieden gebe und Unheil schaffe." [162] Adam erkennt auch, dass der Mensch Ebenbild dieses Gottes ist, denn: „Gott der

Herr sprach: Siehe, Adam ist geworden wie unsereiner und weiß, was gut und böse ist." [163] Das ist die wahre und einzige Schizophrenie, in der wir leben müssen und aus der es kein Entrinnen gibt bis zum Jüngsten Tag, den jeder im eigenen Tod erleben muss, dass wir den Unterschied zwischen Gut und Böse erkennen, aber nicht nach dieser Erkenntnis leben können. Die Ausreden, dass daran nur die Graugänse und die Schimpansen schuld sind, lasse ich nicht gelten.

Himmel und Hölle

Der „alte Himmel ist vergangen" [164] – und was ist mit der Hölle? Diese Frage habe ich mir beim Anblick des Freskos „Apokalypse" im Scheitelgewölbe der Chora-Kirche in Konstantinopel gestellt: Sonne und Mond, Tag und Nacht, Licht und Finsternis – alle Gegensätze haben ihren Sinn verloren, sie werden mitsamt dem alten Himmel wie in eine Schriftrolle verpackt und von Engeln weggetragen: So einfach ist das, wenn man an den Neuen Himmel und die Neue Erde glaubt oder zumindest darauf hofft ... [Abbildung 16, S. 96]

Mit der „Hölle" ist es schon etwas schwieriger: In einem anderen Teil des Freskos begegnet man der in der mittelalterlichen Ikonografie üblichen Darstellung des „Höllenfeuers" in Form eines Feuersees, [165] in dem den leiblich Auferstandenen das „Heulen und Zähneknirschen" wahrlich vergehen muss. Origines († 254) war der Meinung, dass die biblischen Umschreibungen der Hölle Metaphern möglicher Gewissensqualen am Ende des Lebens seien. Im Jahr 543 wurden seine Lehren durch das Zweite Konzil von Konstantinopel auf Druck von Kaiser Justinian I. als Häresie verurteilt.

Leib und Seele

„Essen und Trinken halt' Leib und Seel' z'samm!" Diesen Spruch habe ich im Hause meiner Großeltern oft gehört, die auch in der Zeit der bittersten Not in Wien nach dem Ende des Zweiten Weltkriegs versucht hatten, danach zu leben. Wie viel Ahnung und Erfahrung ist doch in diesem „Vorwissen" über das menschliche Leben enthalten! Obwohl für das Wesen des Menschen nach christlicher Auffassung seit jeher die Einheit von Leib und Seele bestimmend war und ist, wurden doch Theologie und Verkündigung durch zwei Jahrtausende von Ansichten über das Verhältnis von Leib und Seele bestimmt, die weniger für die Bibel als für die Philosophie Platons und des Hellenismus kennzeichnend sind. Im Alten Testament stellen „Seele" und Körper Aspekte des als Einheit aufgefassten Menschen dar. Die den Körper belebende Kraft heißt im biblischen Hebräisch *nefesch*, *neschama* oder auch *ruach*. Alle drei Begriffe bezeichnen ursprünglich den Atem, den Lebensatem, wobei *ruach* auch den Geist Gottes bezeichnet. In der Septuaginta war der hebräische Begriff *nefesch* mit *psyche* übersetzt worden. Die *psyche* im Sinne des hellenistisch geprägten Sprachgebrauchs kann – anders als die alttestamentliche *nefesch* – auch unabhängig vom Leib existieren, sogar wenn dieser gestorben ist. [166] Aus diesem Aberglauben entwickeln sich die abstrusen Vorstellungen von Vorhölle und Fegefeuer und damit verbunden die skurrile Praxis der Gewährung von „vollkommenen" und „unvollkommenen" Ablässen, die noch im 20. Jahrhundert von den Päpsten geregelt wurde.

Die große Akzeptanz, welche die Lehre des Augustinus von Hippo gefunden hat, dass nämlich die Ursünde Adams gleichsam das Erbmerkmal der Seele ist, hat offensichtlich weitgehend verhindert, dass man über die inneren Widersprüche dieses theologischen Konstrukts und die sich daraus ergebenden Ungereimtheiten nachgedacht hat. Ich will hier nicht gegen die Vorstellung von der Unsterblichkeit der Seele polemisieren – sie war offensichtlich notwendig, um die Auferstehung dem Fleische nach sinnvoll zu machen. Aus guten Gründen hat die Kirche auch die Annahme einer präexistenten seelischen Identität, wie sie auch von Origines vertreten wurde, und die Möglichkeit der „Seelenwanderung" abgelehnt, sondern war der Überzeugung, dass die Seele im Menschen vom Augenblick der Empfängnis als Geschenk Gottes existiere. Allerdings meinen die Vertreter der Erbsündenlehre auch, dass dieses Gottesgeschenk mit einem Makel befleckt sei, der das Eingehen in die Ewige Seligkeit verhindert, wenn er nicht durch die Taufe entfernt wird. Als ob der Sinn der Taufe nicht ein ganz anderer ist, wie ihn Johannes der Täufer angesprochen hat, als er sagte: „Ich taufe euch nur mit Wasser (…) Der aber, der nach mir kommt, (…) wird euch mit dem Heiligen Geist und mit Feuer taufen." [167] Davon, dass der Mensch durch die Annahme der Taufe seine

Bereitschaft zeigt, sich dem Feuer des Geistes Gottes auszusetzen, ist heute nicht mehr die Rede.

Fleisch und Geist

Von Paulus von Tarsos wird berichtet, dass er in seinen Briefen den Begriff „Seele" nur selten verwendet. Man kann aber nicht darüber hinwegsehen, dass er sich dafür viel eingehender mit einem anderen Dualismus, nämlich mit dem von „Geist und Fleisch" beschäftigt. Durch seine Gleichsetzung von Geist mit „Gut" und Fleisch mit „Böse" hat er nicht nur sich, sondern die gesamte christliche Theologie in einen Argumentationsnotstand gebracht. Paulus versucht zwar, über die offensichtliche Unhaltbarkeit seiner Argumentation hinwegzukommen, indem er den Gegensatz von Geist und Fleisch nur in denen sieht, die unter dem „alten" Gesetz stehen. [168] Es mag schon sein, dass Paulus durch die Überbetonung der Antithese von Geist und Fleisch nur eine Aufforderung an das vom Hellenismus beeinflusste Judentum seiner Zeit richten wollte, sich von diesem Dualismus durch Abkehr vom „Gesetz" zu befreien. Ich kann nicht beurteilen, wie weit diese Argumentation erfolgreich war, nur: 2000 Jahre später ist der heidnische Dualismus in der christlichen Tradition noch immer präsent – und das nicht nur unterschwellig. Offensichtlich wurde und wird immer noch übersehen, dass die endgültige Überwindung des Dualismus im Prolog zum Johannesevangelium verkündet wurde und noch immer wird: „Und das Wort ist Fleisch geworden ..." [169] Früher ist die christliche Gemeinde beim Hören dieser Worte in die Knie gegangen.

Geist und Materie

Dem Gegensatzpaar von „Leib und Seele" entsprechende Dichotomien von „Psyche und Soma" beziehungsweise von „Geist und Materie" sind oft Grundlage für dualistische Denkweisen in neuerer Philosophie und Wissenschaft. Typisch dafür ist die ursprünglich von René Descartes (1596–1650) vertretene Auffassung bezüglich der Existenz zweier „Substanzen" – einer materiellen *res extensa* und einer davon unabhängig existierenden immateriellen *res cogitans*. Geist und Materie, postulierte Descartes, können miteinander in Wechselwirkung treten, und zwar sollte dafür die Epiphyse verantwortlich sein. Auch Isaac Newton (1643–1727) lehrte eine dualistische Naturphilosophie, die auf der Wechselwirkung von aktiven immateriellen „Naturkräften" mit der absolut passiven Materie beruht und zur Basis des naturwissenschaftlichen Weltbildes vieler Generationen wurde. Die Unhaltbarkeit der Newton'schen Vorstellungen wurde letztlich erst durch die Einstein'sche Relativitätstheorie erwiesen.

Dass dualistische Vorstellungen über das Wesen und die Entstehung von Krankheiten die Anfänge der wissenschaftlichen Medizin beherrschten, ist nicht verwunderlich, weil man Anfang des 17. Jahrhunderts, als Descartes seine Theorie von den durch die Epiphyse vermittelten Wechselwirkungen zwischen Geist und Körper formulierte, nur ganz rudimentäre oder überhaupt falsche Vorstellungen von der Physiologie des menschlichen Organismus hatte. Erst 1628 war durch William Harvey [170] der Blutkreislauf korrekt beschrieben worden, der damit die durch vierzehn Jahrhunderte vorherrschenden Ansichten des griechischen Arztes Galenos (129–199) widerlegen konnte. Harvey war der Erste, der wissenschaftliche Methoden auf dem Gebiet der Biologie und Medizin einführte, und kann somit als der Begründer der neuzeitlichen Medizin und Physiologie betrachtet werden.

Zu Harveys Zeiten gab es noch wenig gesichertes Wissen über Ursachen und Entstehen von Krankheiten, sodass Spekulationen über das Wirken immaterieller „Kräfte" die Wissenslücken füllen mussten. Der Erkenntnisfortschritt in der medizinischen Grundlagenforschung, der dem hätte Abhilfe schaffen können, ging aber in den nächsten hundert Jahren nach heutigen Begriffen nur relativ langsam vonstatten. Erst 1761 publizierte Giovanni Battista Morgagni sein Buch „De sedibus et causis morborum per anatomen indagatis". Er begründete damit die Pathologische Anatomie als klassische Methode der wissenschaftlichen Erforschung von Krankheitsursachen.

Erst Carl von Rokitansky (1804–1878), einer der Gründer der Zweiten Wiener Medizinischen Schule, erkannte, dass diese wenig beachtete Disziplin als Wissenschaft im Dienste der Klinik stehen müsse, weil sie dem Arzt am Krankenbett fundierte Diagnose- und Therapiemöglichkeiten eröffnen konnte. Auch zu dieser Zeit wurden die

Krankheiten noch in „organische" und „dynamische" unterteilt – je nachdem, ob man ihre Entstehung auf die pathologische Veränderung eines Organs zurückführen konnte oder ob man gleichsam gezwungen war, aus klinischen Symptomen und Verlaufsbeobachtungen auf das Einwirken einer immateriellen „Kraft" auf den Organismus rückzuschließen. Es ist äußerst bemerkenswert, dass Rokitansky sich in seinem „Handbuch der pathologischen Anatomie" der Spekulation über die Existenz „dynamischer" Krankheiten entgegenstellt, die er als Resultat eines fundamentalen Denkfehlers entlarvt: „Ein missverstandenes Verhältnis zwischen Kraft und Stoff hat die Einteilung der Krankheiten in organische und dynamische veranlasst. Eine richtige Ansicht von Kraft und Materie lehrt, dass es keine Kraft ohne materielles Substrat gebe." [171] Mit dieser Ansicht leitete Rokitansky – gemeinsam mit dem Internisten Josef von Škoda und dem Dermatologen Ferdinand von Hebra – den Paradigmenwechsel von einer naturphilosophisch orientierten zu einer modernen, naturwissenschaftlich orientierten Medizin ein.

Mit der Absage an den Dualismus hatte Rokitansky offensichtlich keine Schwierigkeiten bei staatlichen und kirchlichen Behörden gehabt, wie sie ein anderer Professor der Universität Wien fünfzig Jahre früher hatte: Es handelt sich um den aus Deutschland stammenden Neuroanatomen Franz Josef Gall (1758–1828), der als Erster die Ansicht vertrat, dass mentale Funktionen ganz bestimmten Gehirnregionen zugeordnet werden können. Das war natürlich mit dem alles beherrschenden religiösen Dualismus von Leib und Seele nicht vereinbar, sodass auf Drängen konservativer Kreise Franz Josef Gall von Kaiser Franz I. (II.) im Jahr 1805 des Landes verwiesen wurde. [172]

Allerdings erbrachten die modernen Neurowissenschaften, deren Entwicklung in den letzten hundert Jahren Eric Kandel in seinem Buch „Auf der Suche nach dem Gedächtnis" in faszinierender Weise beschreibt, den Beweis, dass Galls Theorie, obwohl sie im Detail viele Mängel aufwies, doch im Prinzip richtig war. Nach Kandel, dem für seine bahnbrechenden Erkenntnisse auf dem Gebiet der Gedächtnisforschung im Jahr 2000 der Nobelpreis für Medizin verliehen wurde, werden alle geistigen Funktionen im Gehirn – von den einfachsten Reflexen bis zu den kreativsten Akten in Sprache, Musik und bildender Kunst – von spezialisierten neuronalen Schaltkreisen in verschiedenen Gehirnregionen durchgeführt: „Gehirn und Geist sind untrennbar (…)." [173] Eric Kandel vertritt auch die Meinung, dass es der „Biologie der geistigen Prozesse" einmal gelingen wird, eine Erklärung für das Entstehen von Bewusstsein auf neuronaler Ebene zu finden.

Das ist eine klare Absage an dualistische Vorstellungen, die man oft mit den verschiedenen Arten einer „Ganzheitsmedizin" in Zusammenhang bringt, dass nämlich das Körperlich-Materielle einerseits und das Seelische-Geistige andererseits zwei nebeneinander in gleicher Weise existierende und daher gleichberechtigte Bereiche bilden. Gehirn und Geist sind jedoch in der Weise untrennbar, dass biologische Funktionen für geistige Phänomene verantwortlich sind und nicht umgekehrt. Auch in der psychosomatischen Medizin setzt sich die Ansicht durch, dass es keine „lineare" Kausalität in dem Sinne gibt, dass psychische Störungen körperliche Krankheiten verursachen. [174] Es gilt daher: Worin immer Krankheit ihre Ursache hat – in der Umwelt im weitesten Sinn, in Lebensgewohnheit, Anlage oder Vererbung – ihr Substrat, wie es Rokitansky ausdrückte, muss wegen der materiellen Verfasstheit des Lebens im Bereich des Materiellen liegen. Die Beachtung körperlicher Gegebenheiten ist daher Grundvoraussetzung für jegliche kausale Therapie.

Wissenschaft und Glaube – der Dualismus wird enden

Die Überwindung des Dualismus in manchen Sparten der Wissenschaft, wie zum Beispiel in der Theoretischen Physik und Chemie oder Neurobiologie, hat vor hundert Jahren begonnen, ist weit fortgeschritten, doch die letzte Antwort auf die Frage, „was die Welt in ihrem Innersten zusammenhält", fehlt noch immer. Ob die von Sir Karl Popper angestrebte Überwindung des Dualismus durch die Philosophie von den „Drei Welten" [175] der Weg zu diesem Ziel sein kann, wage ich zu bezweifeln. Ich kann daher nur hoffen, dass die Theologie nicht auch diesen Weg aus der Ausweglosigkeit ihrer weithin dualistischen Weltsicht nimmt.

Versuche in die entgegengesetzte Richtung hat es in der Vergangenheit gegeben: Pierre Teilhard de Chardin konzipierte eine evolutive Weltschau, um das christliche Weltbild aus seiner jahrhundertealten

Erstarrung zu lösen und es auf eine moderne, zukunftsweisende Basis zu stellen. Diese sollte Glauben und Wissenschaft gleichermaßen umfassen und den Dualismus zwischen Materie und Geist überwinden. Teilhards Vorstellungen von der Evolution des gesamten Kosmos von „Alpha bis Omega" [176] sind faszinierend und zeigen, was alles denkmöglich ist, wenn man die Prophezeiungen der Frohen Botschaft ernst nimmt: „An jenem Tage werdet ihr erkennen, dass ich in meinem Vater bin und ihr in mir und ich in euch", sagt Jesus von Nazareth nach dem Bericht des Johannesevangeliums. [177] Im 15. Jahrhundert hat Nikolaus von Kues davon gesprochen, dass „(…) irgendwann Gott selbst sich mit dem Universalgeschöpf, nämlich mit der menschlichen Natur, vereinen wird, damit sie neu erschaffen und der Mensch zu seinem Ziel geführt würde". Das heißt: „Gott und Welt werden sich nicht immer gegenüberstehen. *Der Dualismus wird enden.*" [178]

Ein anderes Bild für das Ziel des Menschen finden wir bei Romano Guardini: „(…) das Ganze des Lebens (…) ist ein Vorlauf dessen, was die religiöse Sprache das Gericht nennt. Gericht bedeutet, dass die Dinge aus den Verschleierungen des Geredes, aus den Verwirrungen durch Lüge und Gewalt herausgenommen und in die reine, weder zu bestechende noch zu betrügende Wahrheitsmacht Gottes getragen werden." [179] Die Sicht auf die „Letzten Dinge" als Ziel der letztendlichen Gotteserkenntnis wird also entscheidend sein. Wir müssen uns nur auf den Weg dorthin machen, und wenn einer sagen kann: „Ich glaube an den Einen Gott – und nicht mehr", das genügt!

„… und die Pforten der Hölle
werden sie
nicht überwinden"

> „Zu Petrus sprach wohl Christus voll Vertrauen:
> ‚Auf dich will ich meine Kirche bauen',
> Bezeichnend ihn als seiner Lehre Hort,
> Von seinen Nachfolgern sprach er kein Wort."
>
> Franz Grillparzer (1861)

Auf der Suche nach einer Kirche

… deren Grundlage der Glaube der Menschen und nicht die Arroganz des Amtes ist, sei ein Rückblick auf die Jahre nach dem Zweiten Weltkrieg gestattet. In dieser meiner Jugendzeit wurden wir mit verschiedenen Anschauungen über das Wesen der katholischen Kirche konfrontiert, die wir uns mehr oder weniger zu eigen machten. Ich muss zugeben, dass ich mit der aus dem Religionsunterricht geläufigen Definition der Kirche als *Corpus Christi mysticum* eigentlich nichts anzufangen wusste, weil es sich hierbei um ein realitätsfernes theologisches Konstrukt handelt. Hingegen war die Vorstellung einer *Ecclesia semper reformanda* doch dem adäquat, was viele Angehörige der damaligen jungen Generation in den kirchlichen Laienorganisationen zu ihrer Lebensaufgabe gemacht hatten – nämlich durch ein von einem *sentire cum ecclesia* bestimmten Leben zur Verwirklichung des Ideals der „Kirche als Reich Gottes auf Erden" beizutragen. Wir waren fest davon überzeugt, dass die offensichtliche Lebensfähigkeit der Kirche auch nach 2000 Jahren beklagenswerter Geschichte dieser Institution und ihrer Päpste der beste Beweis dafür war, dass „sie die Pforten der Hölle nicht überwinden werden". (Mt 16, 18)

Wir waren auch überzeugt, dass diese Kirche auf dem besten Weg war, sich zu erneuern. Vielfältig waren die Ideen, wo Reformen anzusetzen wären. Ich denke etwa an die Bestrebungen um die Erneuerung der Liturgie, die in Österreich von Pius Parsch aus dem Chorherrenstift Klosterneuburg ihren Ausgang genommen hatten; an die vielfältigen Anregungen, die aus dem Gedankengut der wichtigsten religiösen Erneuerungs- und Jugendbewegung der Zwischenkriegszeit in Österreich, dem „Bund Neuland", stammten – wobei stellvertretend für viele andere die Namen Karl Strobl und Otto Mauer genannt seien. Die Begegnung mit Friedrich Heer, der immer wieder davor warn-

te, sich im alleinigen und vollen Besitz der Wahrheit zu wähnen; die Einflüsse aus dem französischen Katholizismus, ob es sich um das exemplarische Leben der „Kleinen Brüder und Schwestern Jesu" des Charles de Foucauld handelte oder um die Visionen von Pierre Teilhard de Chardin über die Evolution der Welt hin auf Gott ...
Was uns als Studenten begeisterte, war die intellektuelle Offenheit, mit der in dieser Zeit die kritische Auseinandersetzung mit vergangenen und gegenwärtigen Erscheinungsformen der Kirche und des religiösen Lebens erfolgen konnte. Die Hoffnung auf eine innerkirchliche Erneuerung im Vertrauen auf die in die Urkirche zurückreichenden, eigentlichen Wurzeln des Glaubens und deren Offenlegung und Darstellung in zeitgemäßer Interpretation schien im Jahr 1959 durch die Einberufung des Zweiten Vatikanischen Konzils durch Papst Johannes XXIII. Wirklichkeit zu werden; im Auftrag zum „Aggiornamento" sahen viele den offiziellen Anstoß, dass sich die Kirche von dem, was sich in den Jahrhunderten als religiös-philosophischer und politischer Ballast angesammelt hatte, frei macht und dabei auch ihre zur leblosen und lieblosen Tradition erstarrten hierarchischen Strukturen zugunsten einer in Brüderlichkeit ausgeübten Verantwortung für die christliche Gemeinde aufgibt.

„Eine freie Kirche in einer freien Gesellschaft"

Die Aufforderung zum „Aggiornamento" traf die Kirche in Österreich nicht unvorbereitet. Sie hatte nach bitteren Erfahrungen in der Zeit vor und während des Zweiten Weltkriegs den Aufbruch zu ihrer eigentlichen Bestimmung gewagt, das Reich Gottes auf Erden zu repräsentieren – und das nicht nur im privaten, sondern in gleicher Weise auch im öffentlichen Bereich. An dieser Stelle sei auf die Studientagung zum 11. Österreichischen Katholikentag 1952 hingewiesen, deren Ergebnisse im sogenannten „Mariazeller Manifest" unter dem Titel „Eine freie Kirche in einer freien Gesellschaft" zusammengefasst wurden. [180] In einer heutzutage unvorstellbaren Art und Weise waren zum ersten Mal in der Geschichte der katholischen Kirche in Österreich „Priester und Laien aus dem ganzen Land über alle organisatorischen und diözesanen Schranken hinweg zusammengekommen, um in voller Freiheit zu beraten, verpflichtet nur dem gemeinsamen Glaubens (...) und dem eigenen Gewissen ..., um Grundlagen für das kommende Handeln zu schaffen." Sieben Jahre nach Ende des Zweiten Weltkriegs sahen die Teilnehmer an der Studientagung „die Kirche aus einem versinkenden Zeitalter einer Epoche neuer sozialer Entwicklung entgegengehen".

Das „Mariazeller Manifest" formulierte als Voraussetzung für das Entstehen einer freien Kirche die bedingungslose Absage an eine „Rückkehr zum Staatskirchentum vergangener Jahrhunderte, zu einem Bündnis von Thron und Altar, zum Protektorat einer Partei über die Kirche und zu jenen gewaltsamen Versuchen, auf rein organisatorischer und staatsrechtlicher Basis christliche Grundsätze verwirklichen zu wollen". Darüber hinaus erklärte sich die Kirche zur „Zusammenarbeit mit dem Staat in allen Fragen bereit, die gemeinsame Interessen berühren, zur Zusammenarbeit mit allen Konfessionen auf der Grundlage des gemeinsamen Glaubens an den lebendigen Gott, zur Zusammenarbeit auch mit allen geistigen Strömungen, mit allen Menschen, wer immer sie seien und wo immer sie stehen, die gewillt sind, mit der Kirche für den wahren Humanismus, für ‚Freiheit und Würde des Menschen' zu kämpfen." Damit hatte sich die katholische Kirche in Österreich auch zur Trägerin des Freiheitsgedankens bei der Gestaltung des öffentlichen Lebens gemacht. Das ließ die Hoffnung aufkommen, dass auch innerhalb der Weltkirche durch eine Lösung von nicht mehr zeitgemäßen, philosophisch bedingten Zwangsvorstellungen und sinnlos gewordenen Traditionen dem Gedanken von der „Freiheit des Christen" zum Durchbruch verholfen werden könnte.

„Wort und Wahrheit"

„Wort und Wahrheit" war der Titel einer im Jahr 1946 von Karl Strobl und Otto Mauer gegründeten Monatszeitschrift für Religion und Kultur, die „den Idealen einer katholischen Avantgarde verpflichtet war, die sich in ihrer Eigenständigkeit weder von Tradition noch Revolution einschränken ließ. Besonders deutlich wurde das in der Zeit der Vorbereitung und Begleitung des II. Vatikanischen Konzils." [181] „Wort und Wahrheit" war aber auch ein Programm, das, wie es der spätere Mitherausgeber Otto Schulmeister ausdrückte, „der katholischen Intelligenz die *konstitutive Beziehung von Wort und Wahrheit* in Aufarbeitung dessen vermitteln (sollte), was geblieben, was neu zu entdecken, was aus der Erfahrung der Katastrophe zu gewinnen war". „*Wenn ihr bleiben werdet an meinem Wort* (...) *werdet ihr die Wahrheit erkennen, und die Wahrheit wird euch frei machen*", heißt es im Evangelium nach Johannes. [182] Für christliche Kirchen sollte daher die „konstitutive Beziehung zwischen Wort und Wahrheit" eine ganz besondere Bedeutung haben. Diese Voraussetzung für die befreiende Wirkung der Wahrheit wurde allerdings im Verlauf der Kirchengeschichte immer wieder ignoriert. Gernot Eder hat auf die Folgen hingewiesen, die sich aus der Transponierung des in der Bibel überlieferten Gotteswortes in Denkfiguren der griechischen Philosophie ergeben haben, auf die sich die Kirche bei der Verkündigung der Frohen Botschaft schon in frühester Zeit festgelegt hat. Nach Eder „hat das griechische Denken die Tendenz, überall eine Metaphysik hintergründig zu konstruieren, deren Existenz zum Teil noch bis zum Beginn der Schöpfung zurückextrapoliert wird, obwohl man wenig sehen kann, wozu solche Konstruktionen ohne realen Hintergrund gemacht werden müssten. Tatsächlich sind die erwähnten Konstruktionen eher geeignet, den Zugang zur Offenbarung unnötig zu erschweren." Dasselbe gilt für ihn auch für die „Christologie, die schon von Paulus übernommen wird, eine Konstruktion, die für die Offenbarung Jesu wenig Inhaltliches bringt und von dem zentralen Geheimnis des Glaubens eher ablenkt". [10]

Das Festhalten an der von der griechischen Philosophie geprägten Begriffswelt ist gleichbedeutend mit der Weigerung, die Entwicklungen in mehr als tausend Jahren europäischer Geistesgeschichte zur Kenntnis zu nehmen. Wir sind in einer Situation, dass uns „Glaubenswahrheiten" verkündet werden, die auf Vorstellungen von Gott und der Welt in der Zeit der Spätantike oder bestenfalls des Mittelalters zurückgehen, aber auch noch für die Gegenwart als allgemeingültig erklärt werden.

Wort Gottes oder absurde Metaphysik?

So gelten die „leibliche Auferstehung" und die „Unsterblichkeit der Seele" als Grundwahrheiten des christlichen Glaubens, doch handelt es sich hierbei um religiöse beziehungsweise philosophische Denk-

figuren aus vorchristlicher Zeit, die nicht Gegenstand der biblischen Offenbarung und zudem nicht miteinander kompatibel sind.
Der Begriff „unsterbliche Seele" entstammt der Philosophie Platons und kommt in den Büchern und Schriften weder des Alten noch des Neuen Bundes vor. Auch das „Buch der Weisheit", dessen Verfasser als hellenistischer Jude mit Platons Ausführungen über die Unterscheidung von Leib und Seele vertraut war, spricht nie von einer Unsterblichkeit der Seele. [183] Die Überschreitung der Todesgrenze, das heißt Auferstehung, ist nicht aufgrund einer wesensmäßigen Unsterblichkeit (der Seele) möglich, sondern liegt im barmherzigen Ermessen dessen, der nach Paulus von Tarsos „allein Unsterblichkeit hat, der da wohnt in einem Licht, zu dem niemand kommen kann, den kein Mensch gesehen hat noch sehen kann". [184]
Der Glaube an eine individuelle *leibliche* Auferstehung setzt sich im Volk Israel seit den ersten Andeutungen im Buch Daniel und den beiden Makkabäerbüchern immer mehr durch und war im hellenistischen Judentum gang und gäbe. [183] Umso erstaunlicher ist es, dass Jesus von Nazareth der Auffassung von der Auferstehung dem Fleische nach eine Absage erteilt. In seiner Antwort auf die Frage von einigen Sadduzäern, wem eine Frau, die auf Erden mit mehreren Männern verheiratet war, im Himmel angehören werde, legt er klar dar, dass die Auferstehung nicht in einer Rekonstruktion der Finalität des menschlichen Leibes zu sehen ist, denn „in der Auferstehung werden die Menschen weder zur Ehe gegeben, noch zur Ehe genommen werden (…) sondern sie sind wie Engel im Himmel". [185] Wie Matthäus berichtet, versetzte diese Antwort auf die Frage der Sadduzäer die zeitgenössischen Zuhörer in Bestürzung.
Das ist menschlich nur allzu verständlich, denn niemand ist so ohne Weiteres bereit, liebgewordene Vorstellungen aufzugeben. Obwohl die „Auferstehung der Toten zu einem Leben der zukünftigen Welt" als transzendentale Erkenntnis jedes menschliche Vorstellungsvermögen übersteigt, hat christliche Verkündigung und die dazugehörige Ikonografie doch einen festen Bilderkanon geschaffen, der sich tief in das Denken der Menschen eingegraben hat. Vor allzu konkreten Jenseitsvorstellungen hat aber schon Paulus von Tarsos gewarnt: „Kein Auge hat je gesehen und kein Ohr gehört, und in keines Menschen Herz ist gekommen, was Gott bereitet hat denen, die ihn lieben." [100]

Franz Grillparzer weist in seinen Studien zur Religionsgeschichte auf einen gravierenden Denkfehler bei der Interpretation der Worte Jesu beim Letzten Abendmahl hin: „Jenen, die an die Transsubstantiation glauben und sich deshalb auf Christi Worte bei der Einsetzung: ‚Dies ist mein Leib usw.' berufen, könnte man einwenden: Also war jenes Brot und jener Wein auch schon damals der wirkliche Leib und das wirkliche Blut Christi, als Christus noch selbst in Fleisch und Blut lebend am Tische saß? Und wenn die Worte bei der Einsetzung figürlich gelten, warum nicht auch in der Folge und jetzt?" [186] Dem ist nichts hinzuzufügen, außer dass noch bis ins 11. Jahrhundert Theologen wie Berengar von Tours gelehrt hatten, dass die göttliche Gegenwart in Brot und Wein auch ohne die Annahme einer substanziellen Veränderung erklärt werden kann. [187] Durch den Versuch einer dogmatischen Definition von „Transsubstantiation" durch das IV. Laterankonzil und das Konzil von Trient geht die Bedeutung von Brot und Wein bei der Erneuerung des Gedächtnisses an Jesus von Nazareth völlig verloren. [188]

Das Wort Gottes – ein Fremdwort?

Das heißt nichts anderes, als dass das Wort Gottes in seiner Ursprünglichkeit, so wie es uns in den Evangelien überliefert wird, seine Wirkung entfaltet; jegliche zeitgenössische Überinterpretation führt letztlich zur Abwendung, zur *Entfremdung* von Gott und seinem Wort – sie verhindert das Erkennen der Wahrheit und ihre befreiende Wirkung auf den Menschen und seine Welt.
Dass die Möglichkeit einer Befreiung von Sünde und Schuld eine Frohe Botschaft für die Menschen sein könnte, darüber braucht man kein Wort verlieren; nur fragt man sich, warum dies nicht verkündigt wird. Von der Tatsache, dass alle Sünden vergeben werden, seien sie noch so schwer, nur die eine nicht, die Sünde wider den Geist, [189] ist in der lateinischen Kirche – im Gegensatz zur Orthodoxie – nie die Rede. Außerdem heißt es im Evangelium nach Johannes: „Ihr seid schon rein durch das Wort, das ich zu euch gesagt habe." [190] Es ist also das Wort Gottes, das von aller Schuld befreit, wenn sich der Mensch dazu bekennt: „Wer glaubt und sich taufen lässt, wird gerettet." [191] In der Urkirche geschah die grundlegende Versöhnung des Menschen mit Gott

in der *Taufe*. Im Credo heißt es: „Wir bekennen die eine Taufe zur Vergebung der Sünden." Die Bitte um Vergebung der Sünden durch Gott wird im „Vaterunser" oder auch beim allgemeinen Schuldbekenntnis während der Feier der Eucharistie immer wieder erneuert.

Die Möglichkeit der Sündenvergebung in der Gemeinschaft der Getauften scheint in der Tradition der katholischen Kirche in Vergessenheit geraten zu sein, denn mehr als tausend Jahre bis zum IV. Laterankonzil 1215 ist die Kirche ohne die Fixierung auf die Privatbeichte in Form der „Ohrenbeichte" als einzigem Ritual zum Bekenntnis und zur Vergebung der Sünden ausgekommen. Ich meine, dass aus dem Satz „Wem ihr die Sünden vergebt, dem sind sie vergeben; wem ihr die Vergebung verweigert, dem ist sie verweigert" [192] nicht die Ansicht abgeleitet werden kann, dass die Kirche das ausschließlich berechtigte Organ der göttlichen Sündenvergebung sei, das heißt, dass der Priester sich anmaßt, anstelle Gottes von den Sünden „loszusprechen", oder dass die Kirche durch Gewährung von Ablässen das Ausmaß von an sich absurden zeitlichen Sündenstrafen festsetzen kann. „In der christlichen Tradition wird gerne getan, als ob es einen großen Tresor für die Sündenvergebung gäbe, der von entsprechenden kirchlichen Stellen verwaltet wird. Tatsächlich vergibt nur Gott Sünden", meint Gernot Eder. [10]

Wort Gottes oder fromme Metaphorik?

Wenn von Sünde und Schuld gesprochen wird, kann man nicht umhin, sich auch mit dem von Augustinus von Hippo entwickelten Begriff der „Erbsünde" auseinanderzusetzen. Zuerst sei festgestellt, dass weder im Judentum noch in den Evangelien ein erblicher Zusammenhang zwischen der Verletzung des göttlichen Gebotes durch Adam und Eva und der Sündhaftigkeit der Menschen hergestellt wird. Das geschieht explizit erst durch Paulus, der davon spricht, dass „die Sünde in die Welt gekommen ist durch einen Menschen, (…) in dem alle gesündigt haben". [193] Gleichzeitig stellt Paulus einen Kausalzusammenhang zwischen Sündenfall und Tod [194] her, um seine Denkfigur von Adam, der uns durch seine Sünde den Tod gebracht hat, und Jesus, der als „zweiter Adam" uns durch seinen Tod von der Sünde erlöst hat, deutlich zu machen. Ohne auf die vielschichtige Problematik dieses Vergleichs einzugehen, möchte ich darauf hinweisen, dass die Determinanten der menschlichen Unvollkommenheit und Endlichkeit wie Tod oder Krankheit nichts mit Vererbung von individueller Schuldfähigkeit oder genereller Sündhaftigkeit zu tun haben. Das Wort Gottes sagt etwas anderes: Als „Jesus einen Menschen sah, der blind geboren war, und seine Jünger ihn fragten: ‚Meister, wer hat gesündigt, dieser oder seine Eltern, dass er blind geboren ist?', antwortete Jesus: ‚Es hat weder dieser gesündigt noch seine Eltern, sondern es sollen die Werke Gottes offenbar werden an ihm'." [195]

Ein gewichtiges Argument gegen die Annahme einer „Erbsünde" liefert eine Analyse von Röm 5, 14. Wenn Paulus sagt: „Dennoch herrschte der Tod von Adam an bis Mose auch über die, die nicht gesündigt hatten durch die gleiche Übertretung wie Adam", wird klar, dass nicht die Sünde Adams vererbt wird, sondern der Tod: Denn nicht durch die Sünde ist der Tod in die Welt gekommen, sondern durch das Leben – ohne Leben kein Tod!

Von „Erbsünde" kann also keine Rede sein, außer man sieht es als Erbsünde an, dass die Lehre des Augustinus von Hippo von einer Generation von Theologen auf die nachfolgende „vererbt" und zu einer komplexen anthropologischen Theologie ausgebaut wurde, die in Form der Gnaden- und Rechtfertigungslehre durch Jahrhunderte zum Gegenstand des Streites zwischen den christlichen Kirchen wurde. Natürlich gibt es Versuche in der modernen Theologie, die „Erbsünde" umzuinterpretieren: Der ehemalige Papst Benedikt XVI. versteht die Erbsünde nicht im Sinne einer biologischen Vererbung, sondern betont die kollektiven menschlichen Verstrickungen der Vergangenheit, in die jeder Mensch durch seine Geburt eintritt. [196] Doch das berechtigt zur Frage: Und was soll die Säuglingstaufe daran ändern? Wenn die „Erbsünde" nur ein Ausdruck für den Unheilszustand des Menschen ist, dann sind Überlegungen, was wohl unter einer „Empfängnis ohne den Makel der Erbsünde" zu verstehen ist, sehr wohl angebracht.

Wort Gottes oder fromme Legende?

Theologen, Kirchenlehrer, Päpste und Konzile haben die katholische Glaubenslehre als komplexes System von ineinander verschachtelten

Lehrsätzen konzipiert, die oft von den zentralen Aussagen der christlichen Offenbarung weit entfernt sind und deren offen zutage tretende Widersprüchlichkeit zwar als Resultat einer rigiden biblischen Hermeneutik verstanden, aber nicht gläubig hingenommen werden kann.

Das ist keine neue Erkenntnis: Schon im Jahr 1839 schrieb Franz Grillparzer: „Warum für die sittliche Verbesserung des gegenwärtigen Zeitalters auf dem Wege der positiven Religion durchaus nichts zu hoffen ist, liegt in dem Aphoristischen und rein Gelegenheitlichen der heiligen Schriften des Christentums. Diese Religion hat keinen abgeschlossenen Kodex ihrer Lehren, wie es der Koran oder die mosaischen Bücher sind. Erst die Zusammenfassung und Auslegung einer Kirche bringt Ganzheit und Zusammenhang in die *Masse von Andeutungen, Parabeln, scheinbaren Widersprüchen und Übertreibungen.*" [197] Die Radikalität dieser Aussage macht sie in mancher Hinsicht fragwürdig. Dem Grundbefund aber, dass sich im *Lehramtsgebäude* der katholischen Kirche vieles angesammelt hat, was eher auf eine nicht nachvollziehbare Metaphorik – besonders in den Paulusbriefen – und den Versuch, diese wortgetreu auszulegen, als auf eine geoffenbarte Wahrheit zurückzuführen ist, wird man zustimmen müssen. Was hätte Grillparzer wohl gedichtet, wenn er gewusst hätte, dass dreißig Jahre später das Erste Vatikanische Konzil (1869/70) die Lehre von der Unfehlbarkeit des Papstes „bei endgültigen Entscheidungen in Glaubens- und Sittenlehren" zum Dogma erheben wird, und dass dadurch noch im Jahr 1950 Pius XII. die Möglichkeit gegeben wurde, die fromme Legende von der leiblichen Aufnahme Mariens in den Himmel als von „Gott geoffenbartes Dogma" [198] zu verkünden!

Diese Episode zeigt deutlich, wie notwendig es war, dass Papst Johannes XXIII. das Zweite Vatikanische Konzil auch mit den Zielen der „Erneuerung und der Klarheit des Denkens" [199] ankündigte. Es sei an dieser Stelle nicht weiter erörtert, wie weit die Kirche durch das Zweite Vatikanische Konzil selbst und in der Folgezeit durch die Nachfolger Johannes XXIII. diesem Ziel näher gekommen ist. Es mutet jedenfalls bedenklich an, dass wie schon vor fünfzig und mehr Jahren immer noch die alte gleiche Rede davon ist, dass sich die Kirche der Welt öffnen und auf die Menschen zugehen müsse. Ich bezweifle, dass dies überhaupt möglich ist: Wie soll denn die Kirche

für die Menschen *glaubhaft* sein, wenn Wesentliches in ihrer Lehre –
wie ausführlich erörtert – durch mangelnde Klarheit im Denken nicht
glaubwürdig ist?

Drei Vermächtnisse im Angesicht des Todes

Man kann es als Tragödie ansehen, dass dies auch in der Lehre von
den Sakramenten der Fall ist, die nach katholischer Auffassung für die
Gläubigen von besonderer Bedeutung sind, weil sie die Entfaltung der
göttlichen Gnade im Menschen auf einzelnen Stationen des Lebens-
weges zwar nicht äußerlich anzeigen, doch innerlich bewirken. Dieses
„Mysterium" – wie es in den Ostkirchen heißt – ist einem denkenden
Menschen heutzutage schwer nahezubringen, wenn Lehre und religiöse Praxis sich weniger an der biblischen Offenbarung als an späteren
zeitgebundenen religiös-philosophischen Vorstellungen orientieren.
Auf die absurde Begründung für die Notwendigkeit der Taufe von
Neugeborenen wurde schon hingewiesen (siehe S. 119), ebenso auf
die offensichtliche Überinterpretation von überlieferten Jesus-Wor-
ten bei der Einsetzung des Sakraments der Buße und des Altars (siehe
S. 131, 132).

Ein besonderes Ärgernis ist die Ansicht, dass sich die Forderung nach
der Unauflöslichkeit der Ehe auf ein Verbot der Ehescheidung durch
Jesus von Nazareth zurückführen lässt. Wenn man die Übersetzun-
gen, angefangen von der „Vulgata" über die „Luther-Bibel" bis zur
„Herder-Bibel", die bis 1984 publiziert wurde, heranzieht, dann ist bei
Matthäus und auch bei Markus die Rede davon, [200] dass das, „was
Gott verbunden hat, der Mensch nicht trennen *soll*". Zweitausend
Jahre später erst findet sich in der sogenannten Einheitsübersetzung
die Formulierung: „Was Gott verbunden hat, *darf* der Mensch nicht
trennen." Man merkt die Absicht und ist verstimmt ...

Ich versage mir jegliche Erörterung der Frage, inwieweit die Ehe ihres sakramentalen Charakters, der als Grund für ihre Unauflösbarkeit
angegeben wird, nicht auch durch die „Kirche" selbst beraubt wurde
– durch die Betonung der Ehelosigkeit als idealer christlicher Lebens-
form, durch die totale Verkennung der Bedeutung der Sexualität für
die Liebe zwischen Mann und Frau und durch die, einer neodarwinis-
tischen Denkweise entsprechenden, Reduzierung des Hauptzwecks

der Ehe auf ein Instrument zur „Erzeugung und Heranbildung von Kindern", wie es im Kirchenrecht heißt. [201] (Vergleiche dazu die umfassende Dokumentation zum Thema „Kirche und Sexualität" von Ute Ranke-Heinemann. [202]) Auch Gernot Eders „Theologisches Testament" [10], das er im Angesicht des Todes diktiert hat, ist als dringender Aufruf zu sehen, von allen fragwürdigen – weil nur aus der Zeit und aus bestimmten philosophischen Denkweisen zu verstehenden – Interpretationen des Buß- und Altarsakraments Abstand zu nehmen und ihnen den eigentlichen Sinn im Leben der Kirche zurückzugeben.

Dasselbe Thema hat Kardinal Carlo M. Martini [203] im letzten Interview vor seinem Tod zum Thema „Gibt es Hoffnung für die Kirche?" angesprochen, als er auf die Frage „Für wen sind die Sakramente?" antwortete: „Die Sakramente sind eine Hilfe für die Menschen an den Wendepunkten und in den Schwächen des Lebens. (…) Bringen wir die Sakramente zu den Menschen, die neue Kraft brauchen. Ich denke an die vielen geschiedenen und wiederverheirateten Paare (…). Sie brauchen besondere Unterstützung (…). Die Sakramente sind keine Instrumente zur Disziplinierung" [204] – als die sie kirchenrechtlich missbraucht werden.

Reinhold Stecher hat in seinen autobiografischen Skizzen, die kurz vor seinem Tod erschienen sind, den „Suizid der sakramentalen Kirche" vorhergesagt, wenn die Kirche weiterhin an den überlieferten Formen der „Heilsverwaltung" und den willkürlichen Kategorien der Heilsvollmachten festhält. [205] Stecher erwähnt hier besonders die Alten, Kranken und Sterbenden, denen kein Priester beistehen kann, weil es weit und breit keinen mehr gibt und weil nicht einmal Diakone die Vollmacht zur Krankensalbung haben.

„Ich bin der Weg, die Wahrheit und das Leben"

Wenn als Resultat einer eingehenden und umfangreichen Analyse des vielfach kritischen Zustands der katholischen Kirche konstatiert wird: „Die Geduld vieler Gläubiger gegenüber ihrer Amtskirche ist zunehmend erschöpft. Die katholische Kirche befinde sich an einem Wendepunkt", und sich die Frage erhebt: „Schafft sich die katholische Kirche (selbst) ab?" [206] – dann sollte man ernstlich überlegen, ob die Kirche nicht schon am „besten" Weg zu den „Pforten der Hölle" ist. Der Selbstmord der sakramentalen Kirche ist nicht unwahrscheinlich, wenn ihr Weg weiterhin von der Arroganz vieler kirchlicher Amtsträger bestimmt wird, die in ihrem selektiven Wahrheitsverständnis meinen, jeglicher intellektuellen Redlichkeit in Lehre und Verkündigung entbehren zu können, wenn es um den Erhalt eines brüchig gewordenen Argumentationsgebäudes geht. Dazu Hermann Häring: „Das zu ändern bedeutet (…) dass wir die ganze Tradition einer Revision unterziehen." [207]

Dies wird nur erfolgreich sein, wenn Lehre und Verkündigung zum Ursprung der Wahrheit – zum unverfälschten Wort Gottes – zurückkehren. Die Voraussetzungen sind gegeben, wie Kardinal Carlo M. Martini in den „Jerusalemer Nachtgesprächen" mit Georg Sporschill feststellt. Denn „das Zweite Vatikanische Konzil gab den Katholiken wieder die Bibel in die Hand (…) und eigentlich müsste jeder Christ, der mit der Bibel lebt, in den entscheidenden Fragen eigene Antworten finden, um seinen Glauben auch anderen gegenüber bezeugen und verantworten zu können"; und weiter: „Wie finden Katholiken einen selbstbewussten Umgang mit dem Wort Gottes? (…) Das Wort Gottes ist einfach und sucht als Partner das hörende Herz. Dazu braucht es nur Stille, Hören, Lernen, Fragen und Warten, wenn ich es nicht fassen kann. Nicht der Klerus und nicht das Kirchenrecht können die Innerlichkeit des Menschen ersetzen." [208] Von einem Lehramt, das immer wieder durch fragliche beziehungsweise nicht nachvollziehbare Aussagen von Konzilen, Päpsten und Bischöfen diskreditiert wurde, ist nichts zu erwarten. „Trotzdem bleiben (…) Gottesliebe, Nächstenliebe und Gottvertrauen. Solange diese wichtigen Komponenten existieren und leben, ist kein Grund vorhanden, die Hoffnung aufzugeben" – mit diesen Worten schließt Gernot Eder sein „Theologisches Testament". [10]

„Ich bin der Weg, die Wahrheit und das Leben" [209] – das ist unser Glaube und das ist unsere Hoffnung.

Ein „Credo" der Hoffnung

> *„Selig sind die, die nicht sehen*
> *und doch glauben (...)"*
> Joh. 20, 29

Der Verfasser des sogenannten „Hebräerbriefes" sagt sinngemäß vom Glauben, dieser sei das Überzeugtsein von dem, was man nicht sieht, oder noch deutlicher ausgedrückt: eine Wirklichkeit dessen, was man hofft; und weiter, dass wir durch den Glauben erkennen, ja verstehen, dass die Welten durch Gottes Wort gebildet wurden, sodass aus Unsichtbarem das Sichtbare hervorgegangen ist. [210] Es wird hier in großartiger Weise klar, dass Glaube und Hoffnung nur in einer untrennbaren, tiefen Wechselbeziehung erfahren werden können: Der Weg zum Glauben kann über die Hoffnung führen, der Weg zur Hoffnung über den Glauben.

Wenn aber derart der Glaube an den Einen Gott die Substanz, die Grundlage und das Ziel unserer Hoffnungen ist, dann sollte ein Bekenntnis dieses Glaubens möglich sein, ohne dabei auf ein selektives Gottesbild und zu den traditionellen Formulierungen einer altertümlichen Symbolsprache verpflichtet zu werden, die ursprünglich der Abgrenzung gegen das, was als Irrlehre betrachtet wurde, dienen sollten.

Nachstehend mein Versuch, mein CREDO IN UNUM DEUM als Bekenntnis der Hoffnung zu formulieren, dass Ein Gott sei. Im Vergleich mit dem gegenübergestellten sogenannten Apostolischen Glaubensbekenntnis soll sich zeigen, dass es mit diesem und dem Großen Credo der Hochämter und Singmessen weniger formale Entsprechungen, aber vollkommene inhaltliche Übereinstimmung gibt, wie sie die Suche nach einer zeitlosen biblischen Offenbarung hervorbringen kann

CREDO IN DEUM

Ich glaube an Gott,
den Vater, den Allmächtigen,
den Schöpfer des Himmels und der Erde.

Und an Jesus Christus,
seinen eingeborenen Sohn, unsern Herrn,
empfangen durch den Heiligen Geist,
geboren von der Jungfrau Maria,
gelitten unter Pontius Pilatus,
gekreuzigt, gestorben und begraben,
hinabgestiegen in das Reich des Todes,
am dritten Tage auferstanden von den Toten,
aufgefahren in den Himmel;
er sitzt zur Rechten Gottes, des allmächtigen
Vaters; von dort wird er kommen,
zu richten die Lebenden und die Toten.

Ich glaube an den Heiligen Geist,

die heilige katholische Kirche,
Gemeinschaft der Heiligen,
Vergebung der Sünden,
Auferstehung der Toten
und das ewige Leben.
Amen.

CREDO IN UNUM DEUM

Ich glaube an den Einen Gott,
der durch sein Wort das Werden der Welt
bewirkt,

der durch sein Wort Fleisch geworden ist:
Jesus Christus,

der durch sein Leben und Leiden,
durch seinen Tod und seine Auferstehung
unter uns gegenwärtig ist.

Ich glaube an den Einen Gott,
der durch seinen Geist alles neu erschafft,
der sich in tausendfältiger Weise zu allen
Zeiten den Menschen immer wieder von
Neuem offenbart.

Ich erhoffe die eine, allumfassende Kirche als
Sinnbild des kommenden Reiches Gottes.
Ich vertraue auf die Vergebung der Sünden
und erwarte das Sein in einer anderen
Wirklichkeit, in der Gott alles in allem ist.
Amen.

Anmerkungen

[1] Röm 1, 20
[2] Zur Problematik der Deutung der mündlichen Überlieferung vgl. Jens Schröter, Jesus von Nazaret, Evangelische Verlagsanstalt, Leipzig 2006, S. 12–51
[3] Kardinal Carlo M. Martini/Georg Sporschill, Jerusalemer Nachtgespräche – Über das Risiko des Glaubens, S. 78, Herder, Freiburg 2008
[4] August Strindberg, Gespenstersonate, Reclam Universal-Bibliothek Nr. 8316, Stuttgart 1969, S. 33
[5] Vgl. dazu zum Beispiel Karl Kraus, Literatur und Lüge, Suhrkamp Taschenbuch 1313, 1987. In diesem Buch hat Kraus die wichtigsten seiner literaturkritischen Arbeiten aus der *Fackel* der Vorkriegszeit in revidierter Fassung zusammengestellt.
[6] George Orwell, „Politics and the English Language" (erstmals publiziert in Horizon, London 1946; https://www.mtholyoke.edu/acad/intrel/orwell46.htm): „In our time, political speech and writing are largely the defence of the indefensible."
[7] Karl R. Popper, Wider die großen Worte, *Die Zeit* vom 27. September 1971, S. 8
[8] Vgl. dazu Alois Brandstetter: „‚Der Mensch definiert sich durch aufrechten Gang, Bewusstsein, Werkzeuggebrauch, Sprache und Religion' habe ich bei Friedrich Kainz, dem bekannten Wiener Philosophen und Sprachpsychologen, gelernt." (Aus: „Kummer, ade!", Residenz Verlag, St. Pölten – Wien 2013, S. 89)
[9] Paul M. Zulehner, Osterpredigt 2009 (www.zulehner.org/site/zeitworte/article/180.html)
[10] Gernot Eder: Mein Theologisches Testament (unveröffentlichtes Manuskript, diktiert in letzten Tagen des Oktobers 2000; http://griess.st1.at/gernoted.htm)
[11] Carl Friedrich von Weizsäcker: Zeit und Wissen, Hanser, München 1992, S. 585
[12] Sydney Brenner, geb. 1927 in Südafrika als Sohn jüdischer Immigranten aus dem Baltikum, Autor zahlreicher bahnbrechender Arbeiten auf dem Gebiet der Molekularbiologie, Nobelpreis für Physiologie/Medizin 2002. Das Zitat stammt aus seiner Nobelpreisrede und lautet im Original: *„However, there are many aspects of humanity that we still need to understand for which there are no useful models. Perhaps we should pretend that morality is known only to the gods and that if we treat humans as model organisms for the*

gods, then in studying ourselves we may come to understand the gods as well."
Die deutsche Übersetzung ist zu finden in: E. Kandel, Auf der Suche nach dem Gedächtnis – die Entstehung einer neuen Wissenschaft des Geistes, Pantheon Verlag, München 2007, S. 343.

[13] Gernot Eder, * 9. 5. 1929 Wien, † 9. 11. 2000 ebenda, studierte Physik, Mathematik, Philosophie und Theologie an der Universität Wien. 1957 bis 1963 Dozent für Theoretische Physik in Wien, 1963 bis 1971 Universitätsprofessor für Theoretische Physik in Gießen, 1971 bis 1997 Professor für Kernphysik an der Technischen Universität Wien und Vorstand des Atominstituts der österreichischen Universitäten. 1973 bis 1975 war er Vorsitzender des Katholischen Akademikerverbandes der Erzdiözese Wien und 1980 bis 1983 von ganz Österreich.

[14] Wahrheit ist als Abstraktum zum Adjektiv „wahr" gebildet, das sich aus dem indogermanischen Wurzelnomen „wēr" („Vertrauen, Treue, Zustimmung") entwickelt hat. Demnach werden dem Begriff Wahrheit verschiedene Bedeutungen zugeschrieben: wie Übereinstimmung mit der Wirklichkeit, einer Tatsache oder einem Sachverhalt, aber auch einer Absicht oder einem bestimmten Sinn beziehungsweise einer normativ als richtig ausgezeichneten Auffassung oder den eigenen Erkenntnissen, Erfahrungen und Überzeugungen.

[15] Carl Friedrich von Weizsäcker: „Und neben der Wissenschaft stehen politische Moral, Kunst, Religion als eigene Wahrnehmungsweisen" (aus: „Über die Krise", Vortrag am 17. November 1983 an der Universität Wien)

[16] Hans Küng: „Der Anfang aller Dinge – Naturwissenschaft und Religion", Piper, München – Zürich 2006, S. 68

[17] Franz König: Der Glaube der Menschen – Christus und die Religionen der Erde, Herder, Wien 1994, S. 1

[18] Ludwig Wittgenstein: Tractatus logico-philosophicus. Logisch-Philosophische Abhandlungen. Suhrkamp Verlag, Frankfurt 1964, Satz 7

[19] Romano Guardini, R.: „Die Lebensalter – ihre ethische und pädagogische Bedeutung", Topos plus Taschenbuch, Mathias Grünewald Verlag, Mainz 2001, S. 30

[20] Reinhart Kögerler: „Hellhörigkeit und Präzision – Erkenntnissuche in den Naturwissenschaften und in der Theologie", *actio catholica* 44 (Heft 4), 2000, S. 9–21. Reinhart Kögerler, geb. 1943 in Niederösterreich, studierte Physik, Mathematik und Philosophie an der Universität Wien, Promotion 1969, seit 1981 Professor für Theoretische Physik an der Universität Bielefeld, zahlreiche Forschungsaufenthalte an internationalen Institutionen, Präsident des „Forum St. Stephan" (1981–1989), Präsident der „Christian Doppler-Forschungsgesellschaft" (seit 1995)

[21] Gottfried Boehm, Der Maler Max Weiler – Das Geistige in der Natur. Springer-Verlag, Wien – New York 2001

[22] Aus den „Tag- und Nachtheften" (Beilage zur ORF-CD 620 LC 5130, 1999): Eintragungen vom 28. 3. 1983 bzw. Oktober 1960, im Internet unter http://www.maxweiler.at/index.php?id=1168441246473

[23] Freeman J. Dyson „Unsere strahlende biotechnologische Zukunft", *Neue Zürcher Zeitung,* 13./14. Oktober 2007, S. 28

[24] Zit. nach: Wikipedia (http://de.wikipedia.org/wiki/Pierre_Teilhard_de_Chardin)

[25] Zit. nach K. Flasch, Nikolaus von Kues in seiner Zeit, Reclams Universalbibliothek Nr. 18724, Reclam, Stuttgart 2004, S. 47

[26] Gottfried Schatz: Jenseits der Gene – Essays über unser Wesen, unsere Welt und unsere Träume, Verlag Neue Zürcher Zeitung, Zürich 2008 (Kurzbiografie von Gottfried Schatz: vgl. Anmerkung 154)

Gottfried Schatz (geb. 1936 in Strem, Burgenland), als Biochemiker eine internationale Kapazität, insbesondere auf dem Gebiet der Erforschung der Mitochondrien, ist emeritierter Professor der Universität Basel. Er leitete dort einige Jahre das Biozentrum und war von 2000 bis 2004 Präsident des Schweizerischen Wissenschafts- und Technologierates. Gastprofessuren führten ihn an die Harvard- und an die Stanford University.

[27] „Noch lag die Schöpfung formlos da – nach heiligem Bericht": Gesang zum Evangelium in der Deutschen Messe von Franz Schubert, Text: Johann Philipp Neumann

[28] Werner Arber: „Betrachtungen über die Beziehungen zwischen den Wissenschaften und religiösem Glauben" (http://www.zenit.org/article-25692?l=german). Werner Arber ist ein Schweizer Mikrobiologe und Genetiker. 1978 wurde ihm für die Entdeckung der Restriktionsenzyme zusammen mit zwei US-Forschern der Nobelpreis für Medizin verliehen. Werner Arber gehört dem „World Knowledge Dialogue Scientific Board" an, ist seit 1997 assoziiertes Mitglied der „Akademie der Wissenschaften der Entwicklungsländer" (TWAS) sowie Präsident des „Internationalen Rats der Wissenschaftsunionen" (ICSU) (1996–1999). Seit 1981 ist er Mitglied der Päpstlichen Akademie der Wissenschaften. Im Jänner 2011 ernannte ihn Papst Benedikt XVI. zu deren Präsidenten, womit zum ersten Mal ein Protestant dieses Amt innehat.

[29] Näheres dazu auf http//de.wikipedia.org/wiki/Schöpfung

[30] Gen 3, 22-23: „Und Gott der Herr sprach: Siehe, der Mensch ist geworden wie unsereiner und weiß, was gut und böse ist. (…) Da wies ihn Gott der Herr aus dem Garten Eden, dass er die Erde bebaue, von der er genommen war."

[31] Ein Brief, auch „Brief des Lord Chandos an Francis Bacon" oder „Chandos-Brief" genannt, erschienen am 18. Oktober 1902 in der Berliner Literaturzeitschrift *Der Tag*

[32] http://de.wikipedia.org/wiki/Coincidentia_oppositorum

[33] Jürgen Mittelstraß, Das Undenkbare denken. Über den Umgang mit dem Undenkbaren und Unvorstellbaren in der Wissenschaft. In: Komarek K., Magerl G. (Hrsg.), Virtualität und Realität. Bild und Wirklichkeit in den Naturwissenschaften. (Wissenschaft. Bildung. Politik. Bd. 2) Böhlau Verlag, Wien 2008, S. 1–24.

[34] Aus dem 1913 verfassten Gedicht „Untergrundbahn" von Gottfried Benn

[35] Jiří Vácha, M. D., D. Sc., geb. 1938 in Kremsier (ČSR), ehem. Vorstand des Instituts für Pathophysiologie der Masaryk-Universität Brünn, Autor zahlreicher Abhandlungen zu philosophischen Problemen der Evolution (darunter „Proč se přírodovědci posmívají ‚Inteligentnímu plánu'?", *Universum* 18 (1), S. 32–35, 2008; engl. Übersetzung: „Why do scientists scoff at ‚Intelligent design'"?, http://www.jvacha.com/articles_eng.html#why)

[36] Walter Thirring, „Raum und Zeit mitgeschleppt", *Die Presse*, 17. April 2007

[37] Zit. nach Wikipedia

[38] Carl B. Möller schreibt dazu: „Im Lauf der Kirchengeschichte haben die biblischen Gottesbilder unendliche Variationen und Vereinnahmungen erfahren, sei es nun (erg.: dass Gott gesehen wird als) der liebe Gott, der böse Gott, Gott als Helfer, als Familienmitglied, Vater, Mutter, Bruder, Schwester, der allmächtige Schöpfer und Erhalter der Welt, der Allherrscher, der Richter, Buchhalter ... ." Aus: Carl B. Möller, „Gott wird Mensch" – Über Gottes Menschwerdung in den archetypischen Bildern des Menschen. In: Der Mensch – ein Abbild Gottes?, hrsg. von H. Schmidinger und C. Sedmak (Topologie des Menschlichen, Band 7), Wissenschaftliche Buchgesellschaft, Darmstadt 2010, S. 243–245

[39] Jan Assmann, „Die Mosaische Unterscheidung", Edition Akzente, Carl Hanser Verlag, München – Wien 2003

[40] Karen Armstrong, „A History of God – The 4000-Year Quest of Judaism, Christianity and Islam", Alfred A. Knopf, New York 1993

[41] Vgl. dazu: Arnold Schönberg, „Moses und Aaron", Textbuch der gleichnamigen Oper

[42] So heißt es im Psalm 135: „Er, der viele Völker schlug / und mächtige Könige tötete / Sichon, den Amoriterkönig / und Og, den König von Baschan / und alle Reiche Kanaans (…)." Zitiert nach: Die Berge tanzten – die Psalmen aus dem Urtext übertragen von Alisa Stadler, Herold Verlag, Wien – München 1986, S. 272–273

[43] Vgl. den Dialog Glaube/Jedermann in: Hugo von Hofmannsthal, Jedermann, Deutscher Taschenbuch Verlag, Bibliothek der Erstausgaben, 3. Auflage 2010, S. 89/90:
Glaube: Bist Du ein solcher Zweifelchrist / Und weißt nit Gotts Barmherzigkeit?
Jedermann: Gott straft schrecklich!

Glaube: Gott verzeiht / Ohn Maßen!
Jedermann: Schlug den Pharao, schlug Sodom und Gomorrha, schlug, schlug!

[44] Z. B. Psalm 23: „Der Herr ist mein Hirte / ich leide nicht Mangel." Zitiert nach: Die Berge tanzten – die Psalmen aus dem Urtext übertragen von Alisa Stadler, Herold Verlag Wien – München 1986, S. 50

[45] Kurt Schubert „Christentum und Judentum im Wandel der Zeiten", Böhlau Verlag, Wien – Köln – Weimar 2003

[46] Vgl. dazu: „Der Mensch – ein Abbild Gottes?", hrsg. von H. Schmidinger und C. Sedmak (Topologie des Menschlichen, Band 7), Wissenschaftliche Buchgesellschaft, Darmstadt 2010, S. 243–245

[47] Eine ausführliche Darstellung des Problems findet sich bei Paul D. Janz, „Abbild Gottes, Weltoffenheit und die Logik des Sinns". In: „Der Mensch – ein Abbild Gottes?", hrsg. von H. Schmidinger und C. Sedmak (Topologie des Menschlichen, Band 7), Wissenschaftliche Buchgesellschaft, Darmstadt 2010, S. 61–74

[48] 1. Kor 15, 28

[49] John A. T. Robinson, „Gott ist anders" („Honest to God"), Chr. Kaiser Verlag, München 1963

[50] Rudolf Taschner, „Es existiert kein Gott ... und Richard Dawkins ist sein Prophet", *Die Presse* vom 19. Oktober 2006

[51] Ch. Schönborn, Finding Design in Nature. *New York Times* vom 7. Juli 2005

[52] Zitiert nach: Mark Lombard, Intelligent Design belittles God. In: Catholic Online, 30. 1. 2006, (http://www.catholic.org/national/national_story.php?id=18503)

[53] Deutsche Bischofskonferenz (Hrsg.), Katholischer Erwachsenen-Katechismus, Verlag Butzon & Berger 1985, S. 29

[54] Barbara Tuchman, Der ferne Spiegel – das dramatische 14. Jahrhundert. 10. Auflage, DTV Nr. 10060, München 1991

[55] Matth. 10, 29–31

[56] Karl Rahner und Herbert Vorgrimler, Kleines theologisches Wörterbuch, 7. Aufl., Herder Bücherei Bd. 108/109, Freiburg i. Br. 1968, S. 351

[57] Friedrich Heer: „Ausgesprochen", Böhlau 1983, S. 30

[58] (Deutero)Jesaia Kap. 45, 9–11

[59] Reinhold Stecher, Spätlese, Tyrolia, Innsbruck 2012, S. 25

[60] Heinrich Schmidinger, Der Mensch in Gottebenbildlichkeit – Skizzen zur Geschichte einer einflussreichen Definition. In: Der Mensch – ein Abbild Gottes?", hrsg. von H. Schmidinger und C. Sedmak (Bd. 7 der Reihe „Topologie des Menschlichen"), S. 38–39

[61] Römerbrief 5,12: Durch einen einzigen Menschen kam die Sünde in die Welt und durch die Sünde der Tod, und auf diese Weise gelangte der Tod zu allen Menschen, weil alle sündigten. *(Einheitsübersetzung)*

[62] Gen 3, 17–19
[63] Karl Rahner und Herbert Vorgrimler, Heilsgeschichte. In: Kleines theologisches Wörterbuch, 7. Aufl., Herder Bücherei Bd. 108/109, Freiburg i. Br. 1968, S. 167–168
[64] Paul M. Zulehner, Osterpredigt 2009, „Hadesfahrt Christi" (http://homepage.univie.ac.at/paul.zulehner/php/Paul2/)
[65] Frühere römisch-katholische Fassung (Schott-Messbuch von 1930)
[66] 1 Joh 5, 19
[67] Joseph Ratzinger, Erlösung mehr als eine Phrase, Salvator Verlag, Steinfeld 1977
[68] Lk 21, 27–28
[69] Eberhard Jüngel in einem Kommentar zu zwei Texten von H. U. v. Balthasar, *Neue Zürcher Zeitung* vom 4./5. Februar 2006, S. 30 (Int. Ausgabe)
[70] Aus „Also sprach Zarathustra", 2. Teil, Von den Priestern [350]
[71] Hans Urs von Balthasar, Eschatologie in unserer Zeit, Johannes Verlag Einsiedeln, Freiburg 2005
[72] Nach vielfacher Überlieferung, Quelle nicht eruierbar
[73] Norbert Hoerster, Unlösbarkeit des Theodizee-Problems. In: *Theologie und Philosophie*, 60. Jg., Heft 3, , 1985, S. 400–409. Demnach entsteht das Theodizee-Problem durch die fragliche Gültigkeit der folgenden Annahmen:
1. Es gibt einen Gott, das heißt ein intelligentes, personales Wesen, das die Welt erschaffen hat und erhält.
2. Dieser Gott ist allmächtig und allwissend, das heißt, er besitzt ein Maximum an Macht und Wissen.
3. Dieser Gott ist allgütig, das heißt, er besitzt ein Maximum an Güte.
4. Es gibt in der Welt, so wie wir sie aus der Erfahrung kennen, Übel.
[74] Meinrad Peterlik, „Medizin zwischen Wissenschaft und Ethik". In: Peter Kampits (Hrsg): Medizin – Ethik – Recht, Schriftenreihe Ethik in den Naturwissenschaften, Zentrum für Ethik und Medizin, Krems 1994, S. 400–409
[75] http://de.wikipedia.org/wiki/Coincidentia_oppositorum
[76] Gen 3, 22
[77] Gen 2, 9
[78] Karl Rahner und Herbert Vorgrimler, Jetzt. In: Kleines theologisches Wörterbuch, 7. Aufl., Herder Bücherei Bd. 108/109, Freiburg i. Br. 1968, S. 188
[79] Der „Weiße Engel" (Beli andjeo) ist eines der bedeutendsten Fresken Serbiens.
[80] Wladimir Sergejewitsch Solowjew (* 1853 in Moskau; † 1900 in Uskoje bei Moskau) war ein russischer Religionsphilosoph und Dichter. Von seinen zahlreichen Werken hat die zuletzt vor seinem Tod im Jahr 1900 publizierte „Kurze Erzählung vom Antichrist" (in deutscher Übersetzung von Ludolf Müller erschienen im Wewel Verlag, Donauwörth, 9. Auflage 2002) die weiteste Verbreitung und Anerkennung gefunden).

[81] Karl Strobl (1908–1984) wurde 1931 in Wien zum Priester geweiht und 1938 zum Leiter der Studentenseelsorge in Wien berufen – eine Aufgabe, die er bis 1969 innehatte. Während des Zweiten Weltkriegs bildete sich um ihn ein Kreis des geistigen Widerstands gegen den Nationalsozialismus. Strobl war ein Pionier der Hochschulseelsorge. Das von ihm entwickelte Modell der „Hochschulgemeinde" bewährte sich nach 1945 in allen österreichischen Hochschulstädten. Die „Katholischen Studentenhäuser" waren Orte für offene Begegnungen über konfessionelle, weltanschauliche und nationale Grenzen hinaus. Karl Strobl zählt zu den Gründern der Katholischen Hochschuljugend Österreichs, des Afro-Asiatischen Instituts, des Österreichischen Studienförderungswerks „Pro Scientia", der Zeitschrift *Wort und Wahrheit* (zusammen mit Otto Mauer) und des Forums St. Stephan, das sich das Gespräch zwischen Wissenschaft, Kunst und Kultur zum Anliegen gemacht hat.

[82] Vgl. 1. Korinther 12, 10: „(...) einem andern die Kraft, Wunder zu tun; einem andern prophetische Rede; *einem andern die Gabe, die Geister zu unterscheiden*; einem andern mancherlei Zungenrede; einem andern die Gabe, sie auszulegen."

[83] 1. Johannes 4, 1–3: (...} glaubt nicht einem jeden Geist, sondern *prüft die Geister, ob sie von Gott sind; denn es sind viele falsche Propheten ausgegangen in die Welt.* Daran sollt ihr den Geist Gottes erkennen: Ein jeder Geist, der bekennt, dass Jesus Christus in das Fleisch gekommen ist, der ist von Gott; und ein jeder Geist, der Jesus nicht bekennt, der ist nicht von Gott. Und *das ist der Geist des Antichrist, von dem ihr gehört habt, dass er kommen werde, und er ist jetzt schon in der Welt.*"

[84] Otto Mauer (1907–1973) wurde 1931 zum Priester geweiht und war danach als Kaplan und Religionslehrer tätig. Während der nationalsozialistischen Herrschaft wurde er mit Unterrichts- und Predigtverbot belegt und mehrmals verhaftet. Mauer war Geistlicher Assistent der Katholischen Aktion Österreich (1946–1954), Mitherausgeber der Monatsschrift für Religion und Kultur *Wort und Wahrheit*. Der Katholikentag 1952 „Freiheit und Würde des Menschen" wurde entscheidend von Otto Mauer gestaltet. 1954 wird Mauer Domprediger zu St. Stephan/Wien und eröffnet die „Galerie St. Stephan" als eine Stätte der Begegnung und des Dialogs zur „Überwindung der unerträglichen Kluft" zwischen Gesellschaft und Kunst im Allgemeinen sowie zwischen Kirche und moderner Kunst im Speziellen.

[85] Abschriften von Tonbandmitschnitten von einigen Predigten und Ansprachen Otto Mauers wurden im Mai 1985 vom Katholischen Akademikerverband der Diözese Graz–Seckau publiziert. Eine umfangreichere Sammlung seiner Predigten, Ansprachen und Aufsätze, die auch Auszüge aus seinem Frühwerk enthält, wurde von Werner Reiss unter dem Titel „Otto Mauer, Das geschundene Reich Gottes – Theologische Reden" 1993 im Hora Verlag Wien herausgegeben und kommentiert.

[86] Microsoft ® Encarta ® Enzyklopädie 2005 © 1993–2004 Microsoft Corporation
[87] Joh 2, 22-2
[88] Joh 2, 18f
[89] Microsoft ® Encarta ® Enzyklopädie 2005 © 1993–2004 Microsoft Corporation.
[90] Vgl. http://de.wikipedia.org/wiki/Antichrist
[91] Reinhold Schneider, Der Wahrheit Stimme will ich sein. Essays, Erzählungen, Gedichte – hrsg. von C. P. Tiede und K-J. Kuschel, Insel Verlag, 2003, S. 128
[92] Luca Signorelli (* um 1441 zu Cortona; † 16. Oktober 1523 ebenda) war ein italienischer Maler und Hauptmeister der Florentinischen Schule, von ihm stammt das berühmte Fresko „Predigt und Taten des Antichrist" im Dom von Orvieto.
[93] Ingrid D. Rowland, When the Antichrist Came to Orvieto. *The New York Review of Books* (NYR), Blog
[94] Mk 13, 21–23
[95] Eine auch schon vom Klassiker Johann Wolfgang von Goethe konstatierte Ignoranz: „Nichts Besseres weiß ich mir an Sonn- und Feiertagen, als ein Gespräch von Krieg und Kriegsgeschrei, wenn hinten weit, in der Türkei, die Völker aufeinander schlagen." (Aus: Johann Wolfgang von Goethe)
[96] Romano Guardini: „Die Lebensalter – ihre ethische und pädagogische Bedeutung", Topos plus Taschenbuch, Mathias Grünewald Verlag, Mainz 2001, S. 57
[97] Eberhard Jüngel in einem Kommentar zu zwei Texten von H. U. v. Balthasar, *Neue Zürcher Zeitung* vom 4./5. Februar 2006, S. 30 (Int. Ausgabe)
[98] John A. T. Robinson, „Gott über oder außerhalb der Welt?" In: „Gott ist anders" („Honest to God"), S. 21ff., Chr. Kaiser Verlag, München 1963
[99] Vgl dazu H. Küng: Erschaffung von Zeit und Raum aus dem Nichts. In: Der Anfang aller Dinge – Naturwissenschaft und Religion, Piper Verlag, München 2005, S. 139ff.
[100] 1. Korinther 2, 9 (in Anlehnung an Jesaia 64, 4)
[101] Jesaja 65, 17 „Denn siehe, ich will einen neuen Himmel und eine neue Erde schaffen"; Offenbarung 21, 1–8: „Und ich sah einen neuen Himmel und eine neue Erde; denn der erste Himmel und die erste Erde sind vergangen, und das Meer ist nicht mehr."
[102] Romano Guardini: „Die Lebensalter – ihre ethische und pädagogische Bedeutung", Topos plus Taschenbuch, Mathias Grünewald Verlag, Mainz 2001, S. 97/98
[103] http://de.wikipedia.org/wiki/Leben
[104] Bisher ist nur das auf den makromolekularen Informationsträgern, Ribonukleinsäure und Desoxyribonukleinsäure (RNA und DNA), beru-

hende Leben bekannt, welches auf der Erde vor etwa 3,5 bis 3,9 Milliarden Jahren begann. Für Details zu Hypothesen über die Entstehung des Lebens siehe Anm. [103].

[105] Clemens Sedmak, „Homo est animal rationale". In: Der Mensch – ein „animal rationale"?, herausgegeben von Heinrich Schmidinger und Clemens Sedmak, Wissenschaftliche Buchgesellschaft, Darmstadt 2004, S. 12ff.

[106] Zu übertriebenen Erwartungshaltungen bezüglich der Erfolge neuer bioethisch relevanter medizinischer Techniken, wie zum Beispiel der Stammzelltherapie, sei bemerkt: „The induction of myocardial repair by progenitor cells was suggested a promising strategy based on encouraging data from animal models. However, the efficacy of stem cells as therapeutic agents in human AMI (acute myocardial infarction) is currently under scrutiny." (Aus: K. Hoetzenecker et al., Basic Res Cardiol., 2012, 107:292)

[107] Peter Singer, Taking Life: Humans. Excerpted from *Practical Ethics*, 2nd edition, Cambridge 1993, S. 175–217

[108] „Zufall und Notwendigkeit. Philosophische Fragen der modernen Biologie" ist der Titel eines 1970 erschienenen Buches des Molekularbiologen und Nobelpreisträgers Jacques Monod. Es handelt in erster Linie von den Auswirkungen der Evolutionstheorie auf das Selbstbild des Menschen. Der Titel leitet sich von einer angeblichen Aussage Demokrits ab: „Alles, was im Weltall existiert, ist die Frucht von Zufall und Notwendigkeit." Monod überträgt diese Bedeutung auf die Grundelemente der Evolutionstheorie – Mutation und Selektion.

[109] Kurz gesagt ist die Entropie ein Maß für die Unordnung in einem physikalischen System. Je größer die Unordnung ist, desto höher ist auch die Entropie. Es ist ein Naturgesetz, dass die Entropie und damit die Unordnung in einem nach außen abgeschlossenen System nur zunehmen können.

[110] Simon D. M. White, geb. 1951 in Ashton, Kent, England, ist Direktor des Max Planck-Instituts für Astrophysik. Das Zitat ist das Schlusswort seines in deutscher Sprache gehaltenen Vortrags beim Wissenschaftsgespräch 1988 der Österreichischen Forschungsgemeinschaft, der unter dem Titel „Image and Reality in Cosmology" in folgendem Sammelband publiziert wurde: „Virtualität und Realität – Bild und Wirklichkeit in den Naturwissenschaften", hrsg. von Kurt Komarek und Gottfried Magerl (Wissenschaft – Bildung – Politik, Band 2), Böhlau Verlag, Wien1998, S. 67–86

[111] Ulrich Heinz Jürgen Körtner (geb. 1957 in Hameln), evangelischer Theologe und Medizinethiker

[112] Näheres dazu in der von Ulrich H. J. Körtner in Zusammenarbeit mit Michael Bünker im Jahr 2001 erarbeiteten, überaus lesenswerten Evangelischen Denkschrift „Verantwortung für das Leben"

[113] Peter Sloterdijk, Regeln für den Menschenpark, edition suhrkamp 1999

[114] Karl Rahner/Kurt Vorgrimler, Kleines theologisches Wörterbuch, Herder-Bücherei, Bd. 108/109, S. 330

[115] Vortrag „Über die Krise" im Neuen Institutsgebäude der Universität Wien am 17. November 1983

[116] Karl Ludwig von Bertalanffy (*1901 in Wien-Atzgersdorf; † 1972 in Buffalo, New York, USA) war einer der bedeutendsten theoretischen Biologen und Systemtheoretiker des 20. Jahrhunderts.

[117] Vgl. dazu: Anton Zeilinger, Einsteins Schleier – Die neue Welt der Quantenphysik, C. H. Beck, München 2003

[118] Vgl. dazu: Gerhard Wilflinger, Aufbruch und Abbruch – Schuberts letztes Lebensjahr (unveröffentlichtes Manuskript eines Vortrags am 24. 10. 2012 in Wien): „Schubert hat in allen seinen Messen im Credo den Satz ‚et unam sanctam catholicam et apostolicam ecclesiam' einfach ausgelassen und nicht vertont, in drei Messen auch die Worte ‚resurrectionem mortuorum', also die Auferstehung der Toten."

[119] Joh 1, 11

[120] Aus: Flusskreuzfahrten auf dem Nil, von B. Kreißl, Trescher Verlag Berlin, S. 225/226

[121] Mt 3, 16.17

[122] Jesaja 9, 5-6

[123] Tit 3, 4: „Erschienen ist die Güte und Menschenfreundlichkeit unseres Gottes" (Lesung in der 2. Weihnachtsmesse)

[124] Röm 8, 21

[125] St. Gallen, Stiftsbibliothek, Cod. Sang. 402: Breviarium Romanum dominicale et feriale. Den Hinweis auf die Illustration verdanke ich meinem vor Kurzem verstorbenen Freund Martin Denk. In Gedanken an ihn und zu seinem Gedenken habe ich meine Betrachtung über „Weihnachten – Entscheidung für die Hoffnung" formuliert.

[126] P. Georg (Peter) Braulik, Benediktiner der Abtei „Unserer Lieben Frau zu den Schotten" in Wien, ist em. Univ.-Prof. für alttestamentliche Bibelwissenschaft an der Katholisch-theologischen Fakultät der Universität Wien.

[127] Diesen Satz, mit dem Meister Eckhart auf die Inkarnation anspielt, hat Weiler auch als Titel für die sehr bekannt gewordene Bildsequenz von 1960/61 gewählt (http://www.maxweiler.at/index.php?id=1169472954397).

[128] Georg Kreisler in seiner Paraphrase auf die Epiphanie mit dem Lied „Für was bist Du gekommen?" (http://lyrics.wikia.com/Georg_Kreisler: F%C3%BCr_Was_Bist_Du_Gekommen)

[129] Duett Tristan/Isolde aus dem 2. Akt der gleichnamigen Oper von Richard Wagner

[130] Heinrich Heine, Elementargeister. Zitiert nach: M. Koch, Der hellenische Messias, *Neue Zürcher Zeitung*, 11. Februar 2006, Nr. 35, S. 73

[131] Paul Zulehner: Hadesfahrt Christi. Osterpredigt 2009 (Auszüge):
„Auf den ersten Blick zeigt dieses Fresko aus der Chorakirche in Konstantinopel die Auferstehung Jesu Christi. Aber die ostkirchliche Frömmigkeit nennt das Ereignis Hadesfahrt Christi. Hades: Das ist gleichbedeutend mit der Hölle, dem Herrschaftsbereich des Satans über Sünde und Tod. (...)" „Die griechischen Kirchenväter erzählen, dass Gott selbst etwas gemacht hat, womit der Satan nicht gerechnet hat: dass er Mensch wird und in den Tod geht und so – unerkannt – den Weg in die Hölle findet. Dort predigt er dann das Evangelium. Und dies der ganzen Menschheit, allen, über die der Satan seit Adam und Eva Macht gewonnen hat und die nun im Hades weilen. (...)"
„Wenn Christus wirklich in seiner Höllenfahrt den Tod besiegt hat, dann muss der Sieg vollkommen sein. Besiegt sind Hölle und Tod aber nur, wenn es sie nicht mehr gibt. Darin gründet die Hoffnung für alle ..."
(http://www.zulehner.org/site/zeitworte/article/180.html)

[132] Ein Mythos ist in seiner ursprünglichen Bedeutung eine Erzählung, mit der Menschen und Kulturen ihr Welt- und Selbstverständnis zum Ausdruck bringen. Im traditionellen religiösen Mythos wird durch den Mythos das Dasein der Menschen mit der Welt der Götter verknüpft. Mythen erheben einen Anspruch auf Geltung für die von ihnen behauptete Wahrheit.
(http://de.wikipedia.org/wiki/Mythos)

[133] Michael Köhlmeier: „ Ich glaube, Gott ärgert sich über uns" (Interview in der *Presse* vom 13. Dezember 2009): „Die Götterwelt ist weitgehend frei von Moral"

[134] Aus: wikipedia (http://de.wikipedia.org/wiki/Mythos)

[135] Der Begriff der Tyrannis (gr. τυραννίς) umschreibt eine Herrschaftsform der griechischen Antike. Die *Ältere* (oder *Archaische*) *Tyrannis* kam im 7. Jahrhundert v. Chr. auf und endete spätestens 461 v. Chr. Im Gegensatz zur *Basileia* („Königtum") bezeichnete der Begriff *Tyrannis* dabei in der Regel eine illegitime Form der Alleinherrschaft über eine *polis*, in der eine monarchische Staatsform eigentlich nicht vorgesehen und mit den *nomoi* („Gesetzen") schwer oder gar nicht vereinbar war. Tyrannis bezeichnet die illegitime, entartete, despotische Form der Monarchie.

[136] Solon (640–560 v. Chr.) gab Athen eine neue Verfassung. Seine Absicht ging hierbei vornehmlich dahin, die bisher zwischen Adel und gemeinem Volk bestehende Kluft aufzufüllen, die Anmaßung des Ersteren zu brechen, die Entwürdigung der Letzteren zu beseitigen, Standesvorrechte und Beamtenwillkür abzuschaffen und eine nach den Leistungen abgestufte Beteiligung aller Staatsbürger an der Staatsregierung einzuführen.
(http://de.wikipedia.org/wiki/Solon)

[137] Zitiert nach: Justus Uwe Wenzel, Der Affe im Baum der Erkenntnis. Die katholische Kirche, Charles Darwin und ein römischer Kongress über Kreation und Evolution. In: *Neue Zürcher Zeitung* vom 11. März 2009, S. 23

[138] Joh 16, 12/13
[139] 1. Kor 12, 1–11
[140] 1 Thess 5, 19–21
[141] Reinhold Stecher, „Spätlese", Tyrolia, Innsbruck 2012, S. 49
[142] Joh 20, 22
[143] James MacMillan (* 1959 in Kilwinning, North Ayrshire) ist ein schottischer Komponist und Dirigent klassischer Musik. Er studierte Komposition an der Universität Edinburgh. Erste Bekanntheit erlangte MacMillan mit dem vom „BBC Scottish Symphony Orchestra" uraufgeführten Orchesterwerk *The Confession of Isobel Gowdie* im Jahre 1990 bei den Proms, einem mehrwöchigen britischen Festival klassischer Musik. Der internationale Anspruch des Werks förderte MacMillans Bekanntheit wesentlich, er bekam mehrere Aufträge, unter anderem ein Konzert für Schlagzeug für die schottische Musikerin Evelyn Glennie. *Veni, Veni, Emmanuel* wurde 1992 uraufgeführt und zählt zu MacMillans meistaufgeführten Werken. Im Jahr 2012 war MacMillan „Composer in Residence" beim Festival in Grafenegg.
[144] Zitat aus einem Interview für die Zeitschrift *morgen*, Heft 4/2012, S. 17
[145] Jürg Graf verdanke ich den Hinweis, dass „nicht nur von St. Michael oder Zeus, sondern auch von einem Dämon in der ‚Hölle' des Mahayana-Buddhismus die Seelen gewogen werden".
[146] Jesaja 6, 1–3: „In dem Jahr, als der König Usija starb, sah ich den Herrn sitzen auf einem hohen und erhabenen Thron und sein Saum füllte den Tempel. Serafim standen über ihm; ein jeder hatte sechs Flügel: Mit zweien deckten sie ihr Antlitz, mit zweien deckten sie ihre Füße und mit zweien flogen sie. Und einer rief zum andern und sprach: ‚Heilig, heilig, heilig ist der HERR Zebaoth, alle Lande sind seiner Ehre voll!'"
[147] Geflügeltes Wort im theologischen Diskurs mit unbekannter Herkunft
[148] Entmythologisierung, auch Entmythisierung, ist allgemein der Versuch, eine in einem Mythos oder in mythischer Sprache tradierte Überlieferung auf ihren Wirklichkeitsgehalt hin zu untersuchen. Im religiösen Kontext geht der Ausdruck auf den evangelischen Theologen Rudolf Bultmann zurück. Bultmann stellte sein Programm der Entmythologisierung in seinem Aufsatz „Neues Testament und Mythologie" aus dem Jahr 1941 vor. Er sah in der mythischen Denk- und Sprachform der Antike ein Problem, da die Menschen der Moderne diese mythische Redeweise nicht mehr verstünden.
[149] „Erschienen ist die Güte und Menschenfreundlichkeit unseres Gottes." (Tit 3, 4)
[150] Vgl. dazu: Hans Küng, *Keine Zweiteilung der Wirklichkeit*, in: Jesus, Piper Verlag, München 2012, S. 75/76. „(…) so dass die ganze Geschichte ein unaufhörlicher Kampf ist: zwischen dem Geist der Wahrheit oder des

Lichtes und dem Geist des Frevels oder der Finsternis, welcher auch die Söhne des Lichtes verwirren kann. Erst am Ende der Tage macht Gott dem Streit ein Ende. Diese Gegenüberstellung zweier Geister ist nicht alttestamentlich, sondern dürfte eher vom persischen Dualismus beeinflusst sein, für den es zwei ewige Prinzipien, ein gutes und ein böses, gibt. Jesus aber kennt keinen solchen Dualismus: auch nicht nach dem Johannesevangelium, wo die Antithese zwischen Licht und Finsternis eine große Rolle spielt. Keine Einteilung der Menschheit in Gute und Böse von vornherein und von Anfang an: *Jeder* hat umzukehren, jeder *kann* aber auch umkehren.

[151] Als Hauptmerkmale des Augustinismus gelten: 1. die dualistische Aufteilung der Wirklichkeit. 2. ein aus diesem Dualismus abgeleitetes erkenntnistheoretisches Prinzip des Überschreitens der sinnlichen hin zu einer unsichtbaren Welt. Konkret haben insbesondere Augustinus' Erwägungen über den Gottesstaat (*De civitate Dei*), über die Trinität (*De Trinitate*), Prädestination, Erbsünde und Gnade die weiteren Diskussionen über die großen Themen der Theologie bis in die Gegenwart hinein bestimmt.

[152] Friedrich Heer: Gottes erste Liebe. Die Juden im Spannungsfeld der Geschichte, Frankfurt a. M. – Berlin 1986, S. 520f.

[153] Verlautbarungen des Apostolischen Stuhls, Nr. 171, 25. 12. 2005, S. 8ff

[154] Gottfried Schatz, geb. 1936 in Strem (Bgld.), als Biochemiker eine internationale Kapazität insbesondere auf dem Gebiet der Erforschung der Mitochondrien, ist emeritierter Professor der Universität Basel. Er leitete dort einige Jahre das Biozentrum und war von 2000 bis 2004 Präsident des Schweizerischen Wissenschafts- und Technologierates. Gastprofessuren führten ihn an die Harvard und an die Stanford University.

[155] Gottfried Schatz, „Gefährdetes Licht", in *NZZ* vom 4. August 2012: „Schon längst verstehen nur wenige Eingeweihte, was die unterirdischen Riesenmaschinen am CERN uns verkünden sollen oder was kurz vor dem Urknall geschah. Ich vermute, dass das öffentliche Interesse am Higgs-Boson, am Raum-Zeit-Kontinuum oder an den Geheimnissen des Universums sich nicht so sehr an den wissenschaftlichen Resultaten, sondern an dem gigantischen personellen und finanziellen Aufwand für den Large Hadron Collider, dem exzentrischen Charisma eines alternden Albert Einstein oder der Tragik des genialen, schwerstbehinderten Astrophysikers Stephen Hawkings entzündet. Immer häufiger beantwortet die Natur unsere Fragen mit mathematischen Formeln, die den meisten von uns ebenso unverständlich und unvorstellbar sind wie ein vierdimensionaler Würfel oder die Heilige Dreifaltigkeit."

[156] Offenbarung 21, 1

[157] 1. Mose 7, 10–24 und 8, 1–14; Die biblischen Sintflutgeschichten sind historisch gesehen relativ jung. Sie gehören in die Zeitspanne zwischen

dem 8. und 5. Jahrhundert vor Christus. Der Sintflut-Stoff stammt jedoch aus dem Zweistromland, wo man schon über tausend Jahre früher sehr ähnliche Sintflutgeschichten mit anderen Helden und anderen Göttern erzählte.

[158] Aus: Neil MacGregor, Eine Geschichte der Welt in 100 Objekten, C. H. Beck, München 2013, S. 138

[159] Herbert Boeckl, Die Apokalypse (Bildband mit einer Einführung von Werner Hofmann. Textauswahl von Gernot Eder. Edition Christian Brandstätter, Wien 1983), S. 103 und 107

[160] Hans Küng, Jesus, Piper Verlag, München 2012, S. 75/76

[161] Gen 1, 31

[162] Jes 45, 7

[163] Gen 3, 22

[164] Vgl. Offb 21, 1. „Dann sah ich einen neuen Himmel und eine neue Erde; denn der erste Himmel und die erste Erde sind vergangen, auch das Meer ist nicht mehr."

[165] Vgl. dazu Offb 21, 8: „Aber die Feiglinge und Treulosen, die Befleckten, die Mörder und Unzüchtigen, die Zauberer, Götzendiener und alle Lügner – ihr Los wird der See von brennendem Schwefel sein. Dies ist der zweite Tod."

[166] Siehe z. B. Offb 6, 9 und Offb 20, 4

[167] Matthäus 3, 11

[168] Galaterbrief, 5. Kapitel

[169] Joh 1, 14

[170] William Harvey (1578–1657), englischer Arzt und Anatom, studierte Medizin in Cambridge und Padua.

[171] Carl von Rokitansky: Handbuch der pathologischen Anatomie, Braumüller und Seidel, Wien 1846, S. 1–6

[172] Eric Kandel: Auf der Suche nach dem Gedächtnis – die Entstehung einer neuen Wissenschaft des Geistes, Pantheon Verlag, München 2007, S. 134–152

[173] Eric Kandel: Auf der Suche nach dem Gedächtnis – die Entstehung einer neuen Wissenschaft des Geistes, Pantheon Verlag 2007, München, S. 12

[174] Axel Schweickhardt, Kurt Fritzsche, Michael Wirsching: Psychosomatische Medizin und Psychotherapie (Springer-Lehrbuch), Springer Verlag, Heidelberg 2005, S. 5 und 7

[175] Karl Popper: „Three Worlds – The Tanner Lecture On Human Values" (Vortrag an der University of Michigan, am 7. April 1978); http://tannerlectures.utah.edu/lectures/documents/popper80.pdf

[176] „Ich bin das Alpha und das Omega, der Anfang und das Ende" (Offb 21, 6)

[177] Joh. 14, 20

[178] Zitiert nach Kurt Flasch: Nikolaus von Kues in seiner Zeit – ein Essay, Reclams Universalbibliothek Nr. 18274, Stuttgart 2004, S. 22

[179] Romano Guardini: Die Lebensalter – ihre ethische und pädagogische Bedeutung, Topos plus Taschenbuch, Mathias Grünewald Verlag, Mainz 2001, S. 97/98

[180] Das Mariazeller Manifest im Wortlaut: http://www.kaoe.at/site/spirituelles/article/49.html

[181] Holger Englerth, „Wenn Katholiken hier das Wort ergreifen – Wort und Wahrheit (1946–1973)" (http://www.onb.ac.at/oe-literaturzeitschriften/Wort_und_Wahrheit/ Wort_und_Wahrheit_ essay.pdf)

[182] Joh 8, 31–32

[183] Jörg Sieger, Einführung in die Bibel, Online-Text: http://www.joerg-sieger.de/index.htm

[184] 1 Tim 6, 15/16

[185] Die Antwort Jesu auf die sogenannte „Sadduzäerfrage" wird in den synoptischen Evangelien in großer Übereinstimmung überliefert (vgl. Mk 12, 18–27, Mt 22, 23–33 und Lk 20, 27–40).

[186] Franz Grillparzer: Studien zur Religionsgeschichte (1837), zitiert nach: Grillparzers Werke, 11. Teil, hrsg. von Stefan Hock, Deutsches Verlagshaus Bong & Co., Berlin – Leipzig – Wien – Stuttgart, S. 48/49

[187] Berengar von Tours († 1088) meinte, die Annahme einer Vewandlung von Brot und Wein in ihrer Substanz stehe im Widerspruch zur Vernunft, zur älteren Kirchenlehre und auch zur Heiligen Schrift. Er vertrat dagegen eine symbolisch-spiritualistische eucharistische Lehre. Danach bleiben Brot und Wein der Substanz nach, was sie waren, und nur eine geistige Bedeutung tritt hinzu, sodass Christus realpräsent ist, aber nicht phsisch-dinglich präsent. (http://de.wikipedia.org/wiki/Berengar_von_Tours)

[188] Die „Transsubstantiation" wurde durch das Konzil von Trient (in der 13. Sitzungsperiode im Jahr 1551) definiert als „ die wunderbare und einzigartige Wandlung der ganzen Substanz des Brotes in den Leib und der ganzen Substanz des Weines in das Blut – wobei nur die äußere Erscheinungsform von Brot und Wein erhalten bleibt"

[189] Mt 12, 31–32: „Jede Sünde und Lästerung wird den Menschen vergeben werden; aber die Lästerung des Geistes wird nicht vergeben werden. Und wenn jemand ein Wort reden wird gegen den Sohn des Menschen, dem wird vergeben werden; wenn aber jemand gegen den Heiligen Geist reden wird, dem wird nicht vergeben werden, weder in diesem Zeitalter noch in dem zukünftigen." Mk 3, 28: „Wahrlich, ich sage euch: Alle Sünden werden den Söhnen der Menschen vergeben werden und die Lästerungen, mit denen sie auch lästern mögen; wer aber gegen den Heiligen Geist lästern wird, hat keine Vergebung in Ewigkeit."

[190] Joh 15, 3

[191] Mt 28, 19

[192] Joh 20, 23

[193] Röm. 5,12-14: „..wie durch ‚einen' Menschen die Sünde in die Welt gekommen ist und der Tod durch die Sünde, so ist der Tod zu allen Menschen durchgedrungen, weil sie alle gesündigt haben. Denn die Sünde war wohl in der Welt, ehe das Gesetz kam; aber wo kein Gesetz ist, da wird Sünde nicht angerechnet. Dennoch herrschte der Tod von Adam an bis Mose auch über die, die nicht gesündigt hatten durch die gleiche Übertretung wie Adam, welcher ist ein Bild dessen, der kommen sollte."

[194] Obwohl dieser Kausalzusammenhang durch Gen 2, 17 („(…) aber von dem Baum der Erkenntnis des Guten und Bösen sollst du nicht essen; denn an dem Tage, da du von ihm isst, *musst du des Todes sterben*") naheliegend scheint, muss daran erinnert werden, dass die Paradieserzählung der Genesis kein historisches Ereignis beschreibt. Eine allzu wörtliche Auslegung ist daher nicht nur problematisch, sondern widerspricht auch der allgemeinen menschlichen Erfahrung, dass alles Leben auf dieser Erde seit seiner Entstehung vor Millionen Jahren auch ohne Schuld und Schuldeinsicht unvermeidlich zum Tod bestimmt ist.

[195] Joh 9, 1-3

[196] Joseph Ratzinger: „Strukturen des Christlichen". In: Einführung in das Christentum (zit. nach: http://de.wikipedia.org/wiki/Erbs%C3%BCnde)

[197] Grillparzers Werke, 11. Teil, hrsg. von Stefan Hock, Deutsches Verlagshaus Bong & Co., Berlin – Leipzig – Wien – Stuttgart, S. 111

[198] Die Definition des Dogmas in der Apostolischen Konstitution *Munificentissimus Deus* lautet: „Wir verkünden, erklären und definieren es als ein von Gott geoffenbartes Dogma, dass die Unbefleckte, allzeit jungfräuliche Gottesmutter Maria nach Ablauf ihres irdischen Lebens mit Leib und Seele in die himmlische Herrlichkeit aufgenommen wurde."

[199] Am 25. Jänner 1959 gab Johannes XXIII. dann vor 17 Kardinälen im Kapitelsaal der Patriarchalbasilika St. Paul vor den Mauern völlig überraschend bekannt, dass er ein Konzil für die Weltkirche einzuberufen beabsichtige, dessen Ziel die „Erneuerung", „größere Klarheit im Denken" und „Stärkung des Bandes der Einheit" sein solle (http://de.wikipedia.org/wiki/Zweites_Vatikanisches_Konzil).

[200] Mt 19, 6 beziehungsweise Mk 10, 9

[201] c. 1013 §1 CIC/1917

[202] Eine umfangreiche Dokumentation zum Thema „Kirche und Sexualität" findet sich bei Uta Ranke-Heinemann, „Eunuchen für das Himmelreich", Heyne Verlag, München 2012.

[203] Kardinal Carlo M. Martini (1927-2012), Jesuit, weltbekannter Bibelwissenschaftler, war lange Jahre Rektor und Kanzler der Päpstlichen Universität Gregoriana, 1979 bis 2002 Erzbischof von Mailand.

[204] „Gibt es eine Hoffnung für die Kirche?": Ein Gespräch mit Kardinal Carlo M. Martini (P. Georg Sporschill SJ und Federica Radice Fossati Confalonieri, Mailand, am 8. August 2012); http://www.christundwelt.de/detail/artikel/der-papst-und-die-bischoefe-muessen umkehren/

[205] Reinhold Stecher, „Spätlese", Tyrolia, Innsbruck – Wien, 2012, S. 93–98. Reinhold Stecher (1921–2013) war von 1981 bis 1997 Bischof der Diözese Innsbruck.

[206] Thomas von Mitschke-Collande, „Schafft sich die Katholische Kirche ab? – Analysen und Fakten", mit einem Vorwort von Kardinal Karl Lehmann, Kösel Verlag, München 2012. Der Autor ist Unternehmensberater und hat in den vergangenen Jahren mehrere deutsche Bistümer und die Deutsche Bischofskonferenz beraten.

[207] Hermann Häring im Gespräch mit Cornelius Hell zum Thema: Pluralisierte Weltkirche und ein souveräner Papst – Diagnosen und Visionen am Beginn eines neuen Pontifikats, *Quart* Nr. 1/2013, S. 1–7. Das Gespräch wurde vor der Wahl Jorge Mario Bergoglios zum Papst geführt.

Hermann Häring, geb. 1937 in Pforzheim, studierte Philosophie in München und katholische Theologie an der Universität Tübingen.
Von 1970 bis 1980 war Häring wissenschaftlicher Mitarbeiter am „Institut für ökumenische Forschung" in Tübingen unter Leitung von Hans Küng. Er erhielt 1980 eine Professur für katholische Systematische Theologie an der Universität Nijmegen. Diese wurde 1999 nach Konflikten mit dem Vatikan in eine Professur für Wissenschaftstheorie und Theologie umgewandelt. Dort baute er das Interdisziplinäre Institut für Theologie, Wissenschaft und Kultur auf. Er wurde 2005 emeritiert.

[208] Kardinal Carlo M. Martini/Georg Sporschill, Jerusalemer Nachtgespräche – Über das Risiko des Glaubens, Herder, Freiburg 2008, S. 78

[209] Joh. 14,6

[210] Die umfassende Interpretation von Hebr. 11, 1 und 3 erfolgte durch einen Vergleich der Versionen in der

Septuaginta: „(1) Εστιν δὲ πιστις ελπιζομενων υποστάσις, πραγμάτων ελεγχος ου βλεπομενων. (3) Πιστει νοσουμεν κατηρτίσθαι τους αιωνας ρηματι θεου, εις το μη εκ φαινομενων το βλεπομενων γεγονεναι."

Vulgata: „(1) Est autem fides sperandarum substantia rerum, argumentum non apparentium. (3) Fide intelligimus aptata esse sæcula verbo Dei: ut ex invisibilibus visibilia fierent."

Herder-Bibel: „(1) Es ist aber der Glaube das feste Vertrauen auf das Erhoffte, das Überzeugtsein von dem was man nicht sieht. (3) Durch den Glauben erkennen wir, dass die Welten durch Gottes Wort gebildet wurden, sodass aus Unsichtbarem das Sichtbare hervorgegangen ist."

Elberfelder Übersetzung: „(1) Der Glaube aber ist eine Wirklichkeit dessen, was man hofft, ein Überführtsein von Dingen, die man nicht sieht.

(3) Durch Glauben verstehen wir, dass die Welten durch Gottes Wort bereitet worden sind, sodass das Sichtbare nicht aus Erscheinendem geworden ist." Die Luther-Übersetzung 1984 wurde nicht berücksichtigt, weil im Gegensatz zu allen anderen Versionen Vers 3 von einer „Schöpfung aus dem Nichts" spricht. Auch die sogenannte „Einheitsübersetzung" wurde nicht herangezogen, weil darin die Prägnanz des Ausdrucks im griechischen und lateinischen „Urtext" verloren gegangen ist.

Bidnachweis

Abb. 1: Mit freundlicher Genehmigung von Frau Prof. Yvonne Weiler
Abb. 2: Wikimedia Commons (CC-0 1.0)
Abb. 3: Wikimedia Commons/Web Gallery of Art (gemeinfrei)
Abb. 4: St. Gallen, Stiftsbibliothek, Cod. Sang. 402, p. 13 – Breviarium Romanum dominicale et feriale (http://www.e-codices.unifr.ch/de/list/one/csg/0402)
Abb. 5: Heide S. Cross
Abb. 6: Wikimedia Commons/
Marion Schneider & Christoph Aistleitner (Public Domain)
Abb. 7: Meinrad Peterlik
Abb. 8: Museum im Schottenstift, Wien
Abb. 9: Mit freundlicher Genehmigung von Frau Prof. Yvonne Weiler
Abb. 10: Museum im Schottenstift, Wien
Abb. 11: www.austrianfineart.com
Abb. 12: Mit freundlicher Genehmigung der Künstlerin (Privatsammlung)
Abb. 13: Wikimedia Commons/Gryffindor (gemeinfrei)
Abb. 14: P. Severin Schneider OSB, Benediktinerabtei Seckau
Abb. 15: P. Severin Schneider OSB, Benediktinerabtei Seckau
Abb. 16: aus: „A. Kilickaya, Hagia Sophia und die Chora", Silk Road Publishing, Istanbul, S. 146

Die Rechtslage der einzelnen Bildvorlagen wurde sorgfältig geprüft. Eventuell berechtigte Ansprüche werden bei Nachweis vom Verlag in angemessener Weise abgegolten.

IMPRESSUM

ISBN 978-3-222-13496-8

Wien – Graz – Klagenfurt
© 2015 by *Styria premium* in der
Verlagsgruppe Styria GmbH & Co KG
Alle Rechte vorbehalten.

Bücher aus der Verlagsgruppe Styria gibt es
in jeder Buchhandlung und im Online-Shop

Lektorat: Elisabeth Wagner
Umschlaggestaltung: Bruno Wegscheider
Umschlagbild: Max Weiler, „Wort" (Ausschnitt);
　Eitempera auf Leinwand, 155 x 115 cm;
　aus dem Meister-Eckhart-Zyklus „Als alle Dinge..." (1960/61).
　Abdruck mit freundlicher Genehmigung von Frau Prof. Yvonne Weiler.
Produktion: Alfred Hoffmann

Druck und Bindung:
Druckerei Theiss GmbH, St. Stefan im Lavanttal
7 6 5 4 3 2 1
Printed in Austria